自分を生きるための
〈性〉のこと

性と人間関係編

目　次

第3章　社会の中の〈性〉

執筆：前川直哉

はじめに

「性」という言葉から、みなさんはどんなことを思い浮かべますか?

単純に「男と女」といった性別を思い浮かべる人もいれば、思わずニヤニヤしちゃうとか、そういう話はあまりしたくないなとか、大切なことだと思っているとか、きっといろいろあるでしょう。

日本では、「性」に対して、どちらかというと「恥ずかしいこと」「口に出してはいけないこと」「下ネタ」といったマイナスイメージをもっている人の方が大人も含めて多く、「性」に対して明るいプラスのイメージをもっている人はまだ少ないかもしれません。

でも、世界的にみると、「性」は基本的人権に関わるとても大切なこととされています。

「性の権利」という考え方があります。この言葉は、日本ではまだあまり広まっていませんから、はじめて聞いたという人の方が多いと思いますが、「権利」、「人権」という言葉は、みなさんも知っていますね。

日本では、義務や責任を果たさないと権利が発生しないといったことを、まことしやかにいう大人たちがたくさんいま

すが、基本的人権、権利は何かの見返りではなく、すべての人に保障されているものです。

　教育を受けること、社会に参加すること、そのために自分たちの意見を表明すること。そして、病気の時に医療を受けることや、困った時に支援を受けることなど、私たちが安全に、安心して、幸せに生きていくために必要な具体的な課題が、社会の発展にともなって確認され、権利として保障されるようになってきたのです。

　女性の権利や子どもの権利、そして「性の権利」も、この社会をより平等で公正な社会にするために、みいだされてきたのです。

　「性の権利」には、性別によって差別されないこと（ジェンダーの平等）、自分の性別を自由に決められること（性の多様性）、子どもをいつ・何人もつか、あるいはもたないを決められること（生殖の権利）、私たちに必要な性の健康に関わる情報にアクセスできること、そして、包括的性教育を受けることなどが含まれています。

　つまり、「性」について学ぶことは、みなさんの権利なのです！

あらためて考えてみれば、性別によって名前や服装や期待される役割に違いがあること、恋愛や恋人との関係や家族のあり方、性に関わる健康など、私たちが生きる中で、さまざまなことが「性」に関わっていることがわかります。

　ですから、「性」について学ぶということは、思春期のからだの変化、月経や射精、妊娠、生命の誕生、避妊、性感染症といったことだけではなく、私たちがどんな人間関係をつくっていくのか、幸せに安全に健康的に生きていくにはどうしたらよいのかを学ぶということなのです。

　この本では「性」とは何かということ、また「性」と人間関係の関わりや、社会の中の性について扱っていきます。「性」の学習は、自分が、誰とどんな関係を結びながら、どう生きていくのかを考え、選択していく時にとても重要な情報をもたらしてくれます。みなさんが、「性」をポジティブに受け止め、自分の生き方を自由に、自分で納得して決めていくために、この本を活用してもらいたいと思います。

田代 美江子

第1章

〈性〉

について
考えてみよう

自分を知るための「性」

　周囲の人たちとの関係をつくっていく時、自分がどんな人間なのかを知っておくことはとても重要です。

　自分は何が好きで何が嫌いなのか、それはなぜなのか。どんな性格で、どんなことに興味やこだわりがあるのか……。こういったことを考え「自分はどんな人間なのか」を知っておくことは、自分が一緒にいたいと思う友だちや恋人などを見つける時、選んでいく時に、とても大切になります。あるいは、自分が苦手だなと思う人たちとの関係にも役に立つかもしれません。

　人と関わっていく中で、自分が外からどんなふうに見られているのかが気になることもあると思います。また、自分の、自分では気づいていなかった部分について、人から教えてもらうこともあるでしょう。

　でも、自分のことを一番深く、そして一番時間をかけて考えられるのは自分しかいません。

「自分には自分のことがよくわからない」という人もいるでしょう。「わかった」と思っていても、考えが揺れたり、変わっていったりすることはあります。でもそれは、とても自然なことだし、自分はこうだと決めつけるよりずっとよいことです。

大切なのは「自分を知ろうとすること」です。そのために考えてほしいのが「性」についてです。

　自分が自分の一番の理解者になるために、ここでは「性」について、さらに深く考えてみましょう。

「性」を多面的にみてみよう

社会の中でつくられている「性」
―ジェンダーステレオタイプ―

　みなさんは「人間は、男性と女性の2種類に分けることができる」と思いますか？　「分けられる」と答える人、「分けられない」と思う人、「変な質問」と感じた人など、きっといろいろあるでしょう。

　身の回りを見渡してみてください。性別で分けられていることが、けっこうあることに気づくと思います。
　例えば、学校の制服はどうでしょうか？　名簿や席順は、性別で分けられている、もしくはかつて分けられていませんでしたか？　小学生時代に使っていたランドセルはどうでしょう。最近ではいろいろな色のランドセルがありますが、あなたのランドセルはどんな色でしたか？　学校ではあまり区別されていない、という人もいるでしょう。家庭ではどうですか？　テレビやインターネットの中の情報についても考えてみてください。

　こういったことは、今まであまり気にしたことがなかったという人や、そもそも男女で区別があるのはあたりまえ、と思う人もいるかもしれません。

私たちは、生まれた時からたくさんの場面で、知らないうちに、あたりまえのように「性別によって分けられる経験」をしてきています。

　そして、そうした経験によって、私たちはいつのまにか、「男／女だったらこうあるべき・こうに違いない」といった考え方を身につけています。

　このような「男女の性格や特徴を固定的に決めつけること」を、ちょっと難しい言葉ですが、「性別規範」、「ジェンダーステレオタイプ」といいます。

　性別規範やジェンダーステレオタイプは、国や文化、時代によってもかなり違いがあります。

　例えば、みなさんが考える「男らしさ・女らしさ」はどのようなことですか？　ぜひ、意見を出し合ってみてください。それぞれの意見を聞いているうちに、重なる部分もあれば、違いもあるということがわかると思います。

　また、身の回りの年上の人（いろいろな年代の人に聞けるとよいですね）にも、「男らしさ・女らしさってどういうことだと思う？」と質問してみてください。ほかの国ではどうなのかも調べてみるとおもしろいかもしれません。

　時代や国によって違いがあるということがきっとわかるはずです。

　そして、違いがある、国や時代で変化しているということは、私たちが考えている性別規範やジェンダーステレオタイプもまた「現在」のものだということです。そうだと

すれば、これからも変わっていくかもしれないし、変えることができるものなのです。

カラフルに変化しつつあるランドセルの色

　ランドセルが一般家庭に普及した1955年頃～2000年頃まで、ランドセルの色は男児は黒色、女児は赤色が主流でした。平成に入った頃から徐々にピンクや水色など、色が選べるようになっていき、現在では好みの色を選ぶことができるようになっています。

　それにともない、ランドセルの色におけるジェンダーステレオタイプは薄れつつあるといえるでしょう。

購入したランドセルの色（2022年）

男児 n=748

1位	黒（ブラック）	58.4
2位	紺（ネイビー）	17.6
3位	青（ブルー）	9.6
4位	緑（グリーン）	4.9
5位	こげ茶（ダークブラウンチョコ）	1.9

女児 n=752

1位	紫／薄紫（スミレ、ラベンダー等）	24.1
2位	桃（ピンク、ローズ）	21.0
3位	赤（レッド）	17.0
4位	水色（スカイブルー）	15.6
5位	うす茶（ライトブラウン、キャメル）	6.6

「ランドセル購入に関する調査2022年」https://www.randoseru.gr.jp/graph/

話し合ってみよう

　みなさんは小学生時代、どんなランドセルを使っていましたか？　データと見比べながら考えてみましょう。

（例）・「私は1位のラベンダー色を使ってた！　お姉ちゃんに、自分の時はそんな色なかったってうらやましがられたなあ」
　　　・「僕はピンクがよかったのに"男なんだから"って反対されたんだよね。今なら賛成してもらえるかな？」
　　　・「データを見ると、男の子の方は暗い色が多いけどこれからもっとカラフルなランドセルがみられるようになるかもね！」

からだはみんな違う、でもたくさんの同じところもある

　私たちは何を根拠に、人間を男女で分けているのでしょうか。「男」「女」の違いは「からだの違いじゃないの？」と思う人は、少なくないかもしれません。しかし本当にそうでしょうか。

　確かに、学校の保健の授業などでは、成長にともなって男女の違いが出てくることを学習します。思春期には、声変わりが起き、性毛が生えたり、胸が膨らんだりする、さらには月経や精通といったことが、性機能を発達させるホルモンによって起こります。こうしたからだに起こる現象が、「男女の性差」として強調されることによって、「男」と「女」は違うと思っているかもしれません。

　ただ、ここであげたからだの成長のほとんどは月経や精通以外、性別に関係なくどちらにもみられるもので、個人差もあります。声変わりは男性の方によりはっきり現れるものですが、女性にも起こりますし、男子の中でも個人差があります。胸が膨らんだり、からだに脂肪がついたりというのは、思春期における女性の成長の特徴としてあげられていますが、これもかなり個人差があります。また、男性でも胸が膨らむことがあります。

　性差を発現させるホルモンも、その量や働きの違いはあるものの、男性にも女性にも分泌されているものです。

　上記のような「生物学的な男女差」が強調されることも、ジェンダーステレオタイプをつくり出しているひとつの原

因です。

　しかし、視点を変えてみれば、人間の身体構造には違うところよりもたくさんの同じところ、「共通性」があることがわかります。外見だけではなく、内臓やその働き、ホルモンやDNAなど、共通する部分はたくさんあります。

　生殖に関わる内性器・外性器は性別によって異なりますが、性別によって違うからだの部位には、個人によっても違いがあります。つまり、すべての男性、すべての女性が「同じからだ」ではないということです。考えてみればあたりまえのことだと思いませんか。

　つまり私たちは、人間という生物として多くの共通性をもちながら、性別も含めた、たくさんの「からだの違い」、それぞれの「からだの特徴」をもっています。この違いには、成長・発達のスピードも含まれています。

ここで一番重要なことは、どんなからだも、尊重されなければならないということです。

　どんなからだも、そこに優劣はなく、からだの特徴や外見で、人の価値は決まりません。

　それでも、私たちの周りには、ジェンダーステレオタイプを含む、見かけ重視の考え方が広くみられます。だからやっぱり、「メディアに出てくるアイドルのようにかわいくなりたい／かっこよくなりたい」と思うかもしれません。でも、そのかわいさやかっこよさも、この社会の中でつくられているものなのです。

　外見を気にすることは、自分をどう表現するかということですから、悪いことではありません。ただ、社会によってつくり出された基準に振り回されずに、自分たちのよさ、違いの素晴らしさを大切にしてほしいと思います。

性自認（ジェンダーアイデンティティ）

　性別は、からだの違いで決まると思っていたかもしれません。でも「性」はもっと複雑です。

　例えば、自分の性別をどう考えているかということを、「性自認（ジェンダーアイデンティティ）」という言葉で表すことがあります。性自認とは、「性」についての「内面的・個人的な経験・感覚」のことをいいます。もう少しわかりやすくいうと、自分がどういう「性」で生活したいのか、生きていきたいのかということです。

　この感覚は、生まれた時に割り当てられた性別と一致す

ることもあるし、一致しないこともあります。みなさんの中にも「生まれた時のからだとは違う性に生まれてきたかった」と感じている人がいると思います。今とは違う性で生活したいと思っている人の、その思いの強さにも個人差があります。

　生まれた時に割り当てられた性別と性自認が一致していて違和感がない状態を「シスジェンダー」、一致していなくて違和感がある状態を「トランスジェンダー」といいます。「一致していない」というと、生まれた時に割り当てられた性は女性だけれど自分のことを男性だと思う、あるいはその逆の２パターンのみを思い浮かべるかもしれません。でも実際は「男性でも女性でもない」「その時によって違う」「どちらでもかまわない」「決めたくない」など、男・女の２パターンにはおさまらない、さまざまなあり方、生き方を望む人もたくさんいます。
「自分は男性だ」「自分は女性だ」と迷いなく思っている人たちでも、実はその男性・女性のイメージはけっこう違っていたりします。こう考えると、人間を男と女の「２パターン」に分けるのはけっこう難しいかもしれません。100人いれば100通りの「性」のあり方があるともいえます。
　ちょっと複雑ですね。でも、自分の「性」をどんなふうに考えて、どう表現するのか、どんなふうに生きていきたいのかは、自分で決めていいのです。これも「性の権利」のひとつです。

誰を好きになるのか／ならないのか
―性的指向（セクシュアルオリエンテーション）

　人間の「性」は「どんな性の人を好きになるのか／ならないのか」といった視点から考えることもできます。このことを「性的指向（セクシュアルオリエンテーション）」といいます。

　一般的には、男性が女性を、女性が男性を好きになることを「異性愛（ヘテロセクシュアル）」、男性が男性を、女性が女性を好きになることを「同性愛（ホモセクシュアル）」、男性も女性も恋愛の対象になることを「両性愛（バイセクシュアル）」と表現します。そのほかにも「全性愛（パンセクシュアル）」や「無性愛（アセクシュアル／エイセクシュアル）」といった言葉もあります（p.18）。

　ただし、こうした分類はあまり重要ではありません。なぜなら、上であげたような分類に当てはまる人ばかりではないからです。自分は迷いなく「同性愛だ」「異性愛だ」といった人もいますが、ひとりの人の中でも、性的指向が揺れたり、変化したり、自分でもよくわからなかったり、あいまいだということもあるからです。

　例えば、性自認が「男性でも女性でもない」Ｘジェンダーの人にとって、「異性愛」や「同性愛」といった言葉で自らの性的指向を説明することはできないかもしれません。

　そもそも「好きになる」という感情も、相手に性的な欲望を感じるということなのか、性的な欲望はないけれど愛

情を感じるということなのか、相手に対する思いは多様です。

　大切なことは、性自認と同様、性的指向もいろいろとあって、人それぞれ違うということ、そしてその違いが尊重されるということです。これも「性の権利」です。

さまざまな性的指向（Sexual Orientation）

ヘテロセクシュアル	異性愛者
ホモセクシュアル	同性愛者
レズビアン	同性愛者（女性）
ゲイ	同性愛者（男性）
バイセクシュアル	両性愛者
パンセクシュアル	全性愛者（あらゆる性の人が恋愛対象になる人）
アセクシュアル	他者に対して性的欲求や恋愛感情を抱かない人
ノンセクシュアル	恋愛感情はあるが他者に対して性的欲求を抱かない人
アロマンティック	他者に対して恋愛感情を抱かないが性的欲求はある人

さまざまな性自認（Gender Identity）

シスジェンダー	性自認と生まれた時に割り当てられた性が一致している人
トランスジェンダー	性自認と生まれた時に割り当てられた性が一致していない人
Ｘジェンダー	自分は男性・女性のどちらでもない、またはどちらでもあると感じる人（主に日本で使われている言葉）
ノンバイナリー	性自認・表現する性のどちらもが男性・女性のどちらの枠組みにも入らない人
ジェンダーフルイド	性自認が流動的である人
クエスチョニング	自分の性のあり方を探している状態にある人

※定義は一例です

「性の権利」が大切にされる
社会をつくる

　私たちの生き方に深く関わる「性」は、性的指向や性自認など、さまざまな視点から多面的にとらえることができます。

　性的マイノリティの人々を表す言葉として、LGBTという言葉を使うことがあります。これはレズビアン、ゲイ、バイセクシュアル、トランスジェンダーの頭文字をつなげた言葉で、最近では、さらに多様な性を表すクイアやクエスチョニングのQを加えて、LGBTQ、LGBTQ＋といった表記もします。

　最近では、すべての人の性が多様であるということを表すために、性的指向（Sexual Orientation）性自認（Gender Identity）の頭文字をとったSOGIという言葉も使われるようになってきています。これに性表現（Gender Expression）を加えたSOGIEや、さらに性別に関わる身体的特徴（Sex Characteristics）を加えたSOGIESCという表記もみられるようになりました。

　こうした表現の変化からも、性が多面的にとらえられ、その多様性が認められていることがわかります。

　ところが、私たちが生きる社会では、性自認と生まれた時に割り当てられた性が一致している「シスジェンダー」による「異性愛」が「普通」だとされていて、それ以外の

人が差別されたり、社会制度からも排除されたりしています。「ホモ」「レズ」「おかま」といったからかいや、多数派ではない人たちを「笑い」のネタにする場面は、みなさんも見たことがあるのではないでしょうか。

　また、男女別に分かれた施設や制服は、トランスジェンダーやXジェンダーの人たちにとって利用しづらいものになっている可能性があります。

　こんなふうに、私たちの身近では、多様な性のあり方が許されていない状況があるのです。

　この本を読んでいる人の中にも、この社会に不安を感じたり、なんとなくモヤモヤしたり、生きにくさを感じたりしている人がいると思います。

　私たちは、自分の「性」をどう考え、誰とどんな関係を築いて、どう生きていくのかを自分で決める権利をもっています。そのためには、自分たちの人権侵害・権利侵害についても敏感にならなければなりません。

「性」について学ぶということは、自分たちにどのような権利があるのかを知り、その権利を実現するための力をつけていくことです。

　それが「性の権利」が大切にされる社会の実現につながります。

話し合ってみよう

 Q&A

Q. 好きな人がいないって変かな？

 好きなアイドルはいるけど、それは「好きな人」とは違うかな？

 自分は恋愛感情ってよくわからないかも……

 恋愛話が好きだから友だちにもついしちゃうな

変じゃないですよ！　今はまだいないという人もいるし、人に対して性的欲求や恋愛感情を抱かない人もいます。それに人によってはそういった気持ちが変化していくこともありますよ。 ☞ p.39

Q. 友だちと恋人ってどう違うの？

 キスしたいかどうかかな

 自分はあんまり変わらないかな

 友だちからはじまって付き合うこともあるもんね

友人も恋人も、必ずいなければいけないものではなくその人なりの友人関係や恋人関係があります。ただ、お互いに尊重できる間柄でなければならないという意味では似ていますね。☞ p.38

Q. 付き合っている人と避妊や性のことを話したいけれど少し恥ずかしい

避妊や性の話ができない相手とセックスするのは不安だよね

でも、いざという時に避妊の話をするの、雰囲気が壊れる気がするんだよな

いざという時じゃなくて、日常会話で話してもいいと思う

パートナーとは、性について話し合える関係であることが大切です。パートナーができる前から、避妊や性感染症について学んでおきましょう。 👉 p.41〜46

Q. 友だちに、自分は同性が好きだと伝えたいけど怖い

自分は、大丈夫そうな人から伝えてみたよ

友だちだからといってすべてを伝えなきゃいけないわけじゃないから無理はしないでほしいな

でも、友だちに自分のことを知ってほしい気持ちはわかるな

性的指向や性自認についてわざわざカミングアウトしなくても安心して暮らせる、伝えたい時には安心して伝えられる社会になるためにも、性は多様だという認識があたりまえになっていくことが求められます。 👉 p.60

Q. 痴漢にあった、最悪

 満員電車で触られた時、怖くて声をあげられなかった

 自分も電車で触られたことがある。男も痴漢にあうって知ってほしい

 学校帰りの道で、性器を見せてくる人にあったことがあるけど、あれも痴漢だよね

痴漢は犯罪であり、被害にあった人は悪くありません。
性被害にあったときは、信頼できる人に相談をしましょう。専門機関の相談窓口も利用できます。☞ p.68

Q.「女なのに理系進学なの？」っていわれた。おかしいこと？

 おかしくないよ〜！　そんなことをいう人が時代遅れだよね

 自分も「男なのに看護学校志望なの？」っていわれたよ

 将来どう生きたいかに性別は関係ないよね

「女なのに／男なのに」といった偏見をジェンダーバイアスといいます。性別にとらわれず、自分自身が好きなこと、やりたいことを頑張るのは素晴らしいことです。☞ p.83

Q. マスターベーションのやりすぎってダメなの？

テクノブレイクでしょ。やりすぎると死んじゃうって聞いたよ

背が伸びないとか、頭が悪くなるっていう話も聞いたことある

でもそれってデマ情報だよね

性の情報について検索するときは、必ずその情報が信頼できる情報なのかも確認するようにしましょう。マスターベーション（セルフプレジャーともいいます）は、プライバシーが守られた空間で、清潔に気をつけつつ、過度な力をこめずに行えば、何度行っても大丈夫ですよ。 p.94

Q. 彼女がキスしてる写真をSNSにあげているのが嫌だ

ラブラブアピールでしょ、いいじゃん

自分も恥ずかしいから嫌だな

相手に許可をとらずに勝手にあげるのはダメだよね

交際状況を明らかにすることなども、性的同意が必要な行為です。大切な相手だからこそ、信頼を損なわないためにも必ず相手の気持ち、意見を確かめましょう。p.42

第 2 章

人間関係

と

〈性〉

「人間関係」と「性」の関わり

　この章では人間関係と性について具体的に考えていきます。

　私たちは、毎日たくさんの人と関わって生きています。周りにどんな人がいるのか、思いつく限りあげてみてください。親、きょうだい、クラスや塾での友だち、部活動の先輩、恋人、担任の先生、ピアノの先生、よくいくお店の店員さん……。まだまだきりがないほど、たくさんの人たちをあげることができるかもしれません。

　では、思い浮かべた人たちとは「どんな関係」でしょうか。すごく親しくて何でも話すことができる、単なる顔見知り、好きなアイドルが同じでその話で盛り上がる、いつも一緒にいたい、いつもけんかになっちゃう……などなど、「関係」のありかたもいろいろですよね。どちらかといえば「好きな人」を思い浮かべたかもしれませんが、中には「嫌いな人」を思い出しちゃった人もいるかもしれませんね。

　さらに、その「関係」が変わることだってよくあります。好きだったのに嫌いになってしまったり、友情を感じていた相手が恋愛の対象になったり、なんとも思っていなかった人が大切な友だちになったり、もっといろいろとありそうです。

私たちは、たくさんの人からさまざまな影響を受けて生きています。私たちもまた、周囲の人たちに影響を与えて生きているのです。この、影響を受けたり、影響を与えたりといったことが、具体的な「人間関係のあり方」といえるかもしれません。

　たくさんの人たちと関わって生きていくことは、私たちの生き方を豊かにもしてくれますが、悩みやトラブルが起こることもあります。愛情や友情に基づく人間関係は、自分自身をポジティブにとらえる助けになりますが、時には差別や排除、いじめや暴力といった問題に直面することもあるでしょう。

　でも、私たちは、「人間関係のあり方」を学ぶことによって、自分と違うたくさんの人たちとの関係を、自分たちで選び、つくっていくことができます。人と関わることによる悩みやトラブルをなくすことはできませんが、それを乗り越えていくことはできます。

　この章では、私たちがより安全に安心して、幸せに、そして楽しく、納得して生きていくための人間関係のあり方について、「家族」「友人」「恋愛」「周囲の人」との関係を「性」の問題とあわせて具体的に考えていきたいと思います。

家族と性

「家族」ってどんなものだと思いますか？　あらためて考えることはあまりないかもしれませんね。

　一緒に暮らしている人や、血縁関係にある人などが浮かぶことが多いと思いますが、それだけではありません。下のイラストを見てください。この中で誰が家族だと思いますか？　きっといろんな可能性が思いつきますよね。もしかしたら全員が家族かもしれません。だって世界中にはいろんな家族の形があるのですから。

　あなたが進学や就職で家族と離れて暮らすようになったとしても、家族は家族ですよね。親の再婚や里親制度の利用など、さまざまな理由で親やきょうだいと血縁関係にない場合だって、家族であることにかわりはありません。

変化する家族の形

　図は、1980年から2020年までの「単独世帯」「夫婦の
みの世帯」「夫婦と子どもの世帯」「ひとり親世帯」数の推
移を示しています。

　なお、世帯とは一緒に暮らしている人の集まりのことを
さします。

　図を見ると、「単独世帯」の増加や「夫婦と子どもの世
帯」の減少などがわかると思います。

　もちろん、前述の形のほかにもさまざまな家族がありま
す。祖父母と孫の家族、子どもだけの家族、里親制度を活
用して子どもをもつ同性カップルの家族など、時代の変遷
とともに、家族も多様な形へと変化してきているのです。

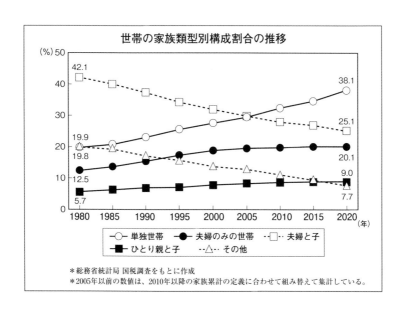

多様な家族

　同性カップルの婚姻については、国際的に同性婚を認める国が拡大している中、日本では法的に認められていないのが現状です。なお、Ｇ７※で認めていないのは日本だけです（2022年現在）。

　日本の同性カップルの中には、各自治体が定める「パートナーシップ認定制度」を活用している人たちもいます。

　しかし、パートナーシップ認定制度は、結婚とは根本的に異なるものです（p.100）。また、あくまでも各自治体で認めるものなので、そこから転居してしまえば無効になってしまいます。異性愛では当然のように認められている結婚が認められていないという法的差別があるのです。

「Chosen family（選ばれた家族）」という言葉があります。これは血のつながりや法的な婚姻などを結んでいなくても家族のように支え合う人たちのことをいいます。

　特に、自分のセクシュアリティをカミングアウトしたことで自分たちの家族、友人、コミュニティにいられなくなってしまった人々によってつくられるコミュニティのことを表す場合が多いです。

　そのように家族は「自分で選ぶことができるもの」といったとらえ方もできます。

※先進７か国（カナダ、フランス、ドイツ、イタリア、日本、イギリス、アメリカ）のこと

家族に影響を受ける「性」

　生まれ育つ場所としての家族は、その人の「性」に大きな影響を与えます。

　第1章（p.10）にジェンダーステレオタイプや性別規範は社会の中でつくられることを説明しましたが、多くの人にとっては家族こそが最初に出会う社会です。家族と生活をともにすることで「父親とはこういうものらしい」「母親とはこういうもののようだ」ということを学びます。そして、そこには「男は力仕事をする／女は家事を担う」などといった、ジェンダーステレオタイプが含まれている場合があります。

　覚えていてほしいのは、生まれ育った家族の中での性のあり方は、ひとつの事例にすぎないということです。

　絵本を読み聞かせてもらったり、テレビを見たり、保育園に通ったり、小学校に入学したり……。成長とともにさまざまな人に出会うことで、みなさんの中の性別に対する価値観や考え方は変化していきます。そういえば……と思い当たる出来事があるかもしれませんね。

　成長とともにたくさんの人と出会い、さまざまな経験をすることで、あなたたちを取り巻く社会は広がっていきます。そうした中で、「自分はこうありたい」を新しく見つけることもあるでしょう。

「家族」と「自分」

　性についての考え方や感じ方も、家族から大きな影響を受けますが、性についての価値観が家族と異なることもあるでしょう。そのことで、自分自身が家族に否定されたような気持ちになることもあるかもしれません。

　しかし、家族であってもそれぞれ異なる経験をしてきた個人の集まりなのですから、お互いの価値観が異なるのはおかしなことではありません。性に関することで意見が食い違うこともあります。

　意見が違っても、それを擦り合わせることができる場合もあります。もちろん難しい場合もあります。

　そんな時は、あなた自身がどう生きたいかということを大切にしてください。きっとあなたと同じように考える人もいるはずです。そういう仲間と出会えるように、あなたの世界・社会を広げていきましょう。

友人関係と性

友だち何人いますか？

「スマートフォンに登録している友だち200人」「SNSの
フォロワー300人」なんて人、近くにいませんか？　そし
て、そんなことを耳にすると「自分は友だちが少ないなあ
……」なんて寂しくなる人がいるかもしれません。
　しかし、大切なのは人数ではなく、なんでも話せる友だ
ちや相談できる友だち、一緒にいて居心地のよい友だちが
いるかということです。

　一言で「友だち」といっても、いろいろなとらえ方があ
ります。遊ぶ友だち、一緒に勉強する友だち、スポーツを
通して知り合う仲間、ボランティアの仲間、幼なじみなど、
いろいろあります。たまたま知り合った数日限りの友だち
もいれば、何十年も続くような友だち関係もあるでしょう。

　人が成長する過程には、友だちとのつながりをより重要
だと感じる時期があるかもしれません。精神的にも身体的
にも成長する思春期は、多くの人にとってそういった時期
のひとつといえるでしょう。学校で一緒に行動したり、話
をしたり、困った時に支え合ったりしてお互いの関係を結
んでいくのです。時には、友だちとけんかをして絶望した

りすることがあるかもしれませんが、仲直りする方法を学ぶこともよい経験となるでしよう。

　ここで大切なことは、お互いの関係が対等であるということ。リアルに対面している時も、オンラインでつながっている時も、お互いを思いやることで信頼や安心が生まれます。友だちの寄り添いがあなたに勇気を与えてくれることもあれば、友だちとの別れがあなたを成長させてくれることもあるのです。
　もちろん「私、友だちはいません」という人もOK。自分が一番安心できる人間関係を築いてください。

友だちをつくる・友だちをやめる

　友だちをつくるきっかけはいろいろあります。小さい頃は、家が近い／クラスが同じなど、生活する環境が近いことで友だちができることがよくあります。成長とともに、クラブ活動で苦楽をともにしたり、趣味が同じで意気投合したり、一緒に出かけたりすることで友だちになることも増えていきます。また、同じ持病の人、同じ障がいをもっている人同士が情報を共有したり、励まし合ったりして生まれる友情もあります。

　自分と異なる属性をもった人と友だちになることだってあります。例えば、国籍、人種、言語、年齢、宗教、セクシュアリティなどの違いです。お互いの異なる考えや能力、特徴が、生活や人生によい刺激や活力を与えてくれることがあるのです。

　近年ではインターネットを通じて、容易に世界の人たちと交流することができるようになりました。自分の関心や趣味、ゲームなど、目的に応じて、さまざまなウェブサイトにアクセスすることができ、情報を入手したり自分の意見を述べたりすることもできます。出会いを求めてSNSを利用する人もいますが、トラブルに発展する事例も増えてきていますので注意が必要です。

　成長とともに、オンライン世界とのつながりがきっかけとなってできる友だちも増えてくるため、インターネットを通してつながる人々と安全に関わっていくための知識や

情報、判断する力が必要になります。

　友人関係の深さや広さは人それぞれで、この点では大人も子どもも変わりありません。幼なじみや学生時代の友人関係が、何十年もたち、大人になっても続いていることもあります。

　ただし、友だちとの付き合いは、楽しいことばかりではありません。時には、友だちになってみたものの、あまり好きになれなかったり、競い合うライバル関係になったりすることで、友だち関係を終わらせたくなることもあるでしょう。そんな時に「友だちなんだから仲よくしないといけない」といった思い込みに縛られていると、精神的に苦しくなります。もし、友だち関係が苦しくなってきたら、一定の距離をおいてみる、誰かに相談してみるなどの方法も、考えてみてください。友だちをやめるという選択もあるかもしれません。

友だちとジェンダーについて話し合ってみよう

　学校で仲よくする友だちとは一緒にすごす時間が長いので、影響されたり、刺激を受けたりすることも多くなります。性や恋愛についての話も自然と多くなってくるでしょう。デートの時は男子がおごるべき、女子ならメイクはあたりまえ、なんて話に同調したり、同じように行動しないと仲間外れになりそうで不安だから、ついつい流されてしまった……なんて経験がある人も少なくないかもしれません。ジェンダーやセクシュアリティに対する考え方も含め

価値観は十人十色のはずです。

　ジェンダーやセクシュアリティについて語る時、私たちは性別や役割の違いについて着目しがちです。
　男女にはもちろん「違い」もありますが、「共通点」もたくさんあります。それに、性に関わりなく個人差もありますね。性別や性役割について、みんな同じように考えているはずだと思っていて、そういった雰囲気の中だと、自分が違った考えをもっていてもなかなかいえないことがあるかもしれません。でも、実際に話してみると、けっこう違う意見が出てくるかもしれませんよ。人と違うことが怖いと思う人がいるかもしれませんが、「違い」は私たちの世界を広げてくれます。「そういう考え方もあるんだ」という発見は楽しいと思いませんか。

恋愛関係と性

「友だち」と「付き合う」の境目はどこにあるの?

　誰かのことが気になったり、今まで友だちだと思っていた人を好きになったりした経験はありますか?　ある研究※によれば、恋愛の進行は、友愛的な会話や相談ごとをする第一段階からはじまり、デートをしたり、用もないのにメールや電話をしたりする第二段階、キスをしたり、お互いの家に遊びに行ったりする第三段階、セックスをしたり、友人に恋人として紹介する第四段階を経て、結婚や二人の将来を具体的に考えるようになる第五段階があるといわれています。

　恋愛関係は「好きです。付き合ってください」というような告白をしてはじまる場合もありますが、自然と付き合いがはじまっていた……という場合もあり、決まりはありません。

　私たちが誰かを好きになるとき、その人の顔やスタイル、スポーツやダンスをしている姿、知性、優しさや責任感などに魅力を感じることがあります。また、時には理由もないまま相手に引きつけられるなんてこともあるかもしれません。一方的に好きになることを、片思いといい、その人のことで頭がいっぱいになってソワソワしたり、会うだけ

※松井豊「青年の恋愛行動の構造」『心理学評論』33（3）：355-370、1990年

でドキドキしたり、顔が赤くなったりします。好きな人が
できて、友だちに相談すると告白することを強く勧められ
ることもありますが、必ず気持ちを伝えなければならない
ということでもありません。ひっそりと思っているという
ことだってありますよね。友だちに告白することを強制す
るのはNGですよ。

　もし、あなたがそれほど魅力を感じていない相手から告
白された時は、自分の気持ちに正直に答えてください。友
情がこわれそう、相手がかわいそう、冷たい人と思われる
んじゃないか……など、いろいろな感情で悩むこともある
かもしれません。でも、居心地の悪い関係は長く続きませ
ん。相手を思いやる気持ちと一緒に、正直に伝えてみてく
ださい。

好きな人いないけど変かな？

　「性的指向（Sexual Orientation）」という言葉を知ってい
ますか？　これは、人が恋愛の対象、性的魅力を感じる対

象として、どのような性の人に向かっているのかを表現する言葉です。

　異性愛者（ヘテロセクシュアル）は、好きになる性、性的対象が異性である人、同性愛者（ホモセクシュアル、ゲイ、レズビアン）は、好きになる性、性的対象が同性である人、両性愛者（バイセクシュアル）は、好きになる性、性的指向が同性、異性のどちらにも向かう人を表す言葉です。

　一方、同性、異性に関係なく性的関係や恋愛感情に興味がない人、恋愛感情をもつことはあってもその相手との性行為には興味がない人もいます（p.18）。

　どの性的指向も健康であって、属している人の数が多いから「普通」、少ないと「異常」ということは一切ありません。

　国連は、すべての人が性的指向および性自認に基づく差別をされることなく、すべての権利を享受する権利があることを宣言しています。しかしながら、その現状は国や地域によって異なり、日本にもまだ社会的偏見や差別が残っています。これまで日本には「思春期になると好きな異性ができるのはあたりまえ」というような異性愛を中心とした教育や社会の風潮がありました。また、LGBTの人たちがメディアの中で笑いの対象として扱われている姿をくり返し目にすることで、当事者たちが自分のセクシュアリティについていいだしにくい環境がつくられてきた歴史があります。

　当事者たちは、学校や社会の中でいじめや差別を恐れ、

異性愛のふりをしながら過ごしている人もいます。誰もが多様な性の一員であることを自覚し、好きになる人の性別にこだわることなく、恋愛すること・しないことの自由を互いに認め合える学校・社会にしていきたいですね。

恋愛と性的欲求

　人は成長とともに、心とからだが大人へと変化します。思春期には、脳内で作られる性腺刺激ホルモンが指令を出し、性ホルモンが分泌されることによって心身に性的な成長が起きます。性的な成長にともない、性的な欲求も現れ、性的な興奮やオーガズムを感じたい、セックスやマスターベーションをしたいなどと思うようになります。ただし、これには個人差があり、性的な欲求を感じない人もいます。

　性的な欲求は、しばしば自分の意志とは関係なく現れることがあり、自分自身にとまどうことがあるかもしれません。性的な欲求の対処には、いくつかの方法がありますが、そのひとつにマスターベーション（セルフプレジャー）があります。

　マスターベーションについて、恥ずかしいこと、やりすぎはよくない、などと考える人がいるかもしれませんが、マスターベーションは人として自然なことであり、自分で性的快感を得ることができる方法です。なので、セルフプレジャー（自分で楽しむ）ともいいます。一人になれる場所を選び、清潔な手で、やさしく行いましょう。

　一方、思春期以降になると、誰か特定の人と親密な関係

になりたいと感じるようになる人もいます。相手のことを
もっとよく知りたい、相手に理解してもらいたい、ぬくも
りや愛情を感じたいなど、特別な関係を求める気持ちです。
親密な関係が深まっていくと、性的な関係へと発展してい
く可能性があります。性的な関係とは、手をつなぐ、デー
トする、相手のからだに触れる、キスやセックスをするな
どの行為を通して、身体的な親密さや快感をわかち合う関
係です。

　どの程度の行為で心地よさを感じるかは一人ひとり違い
ますから、友だちや流行に流される必要はありません。
パートナーになった人とゆっくり話をして、お互いの気持
ちを確認することが大切です。

性的同意って毎回必要なの？

　性的同意とは、手をつなぐ、キス、セックスなどの性行
為の時、お互いが積極的にその行為を望んでいるのかどう
かを確認することです。性的行為をする、しないは自分で
決めていいのです。「YES」「NO」「迷っている」というこ
とも含めて、自分の意思を伝えることが重要です。「NO」
といって嫌われないか不安だという人もいるかもしれませ
んが、お互いの気持ちを率直に伝え合える関係がいいです
よね。

　キスやセックスだけに限らず、相手と行うすべての性的
な行為に対して、相手から「NO」「嫌」「う〜ん……」な
どといわれたら、それは文字どおりの意味です。相手が望

まないことを強引にしたり、させたりすることは性暴力となります。行為の途中で「やっぱりやめたい」といっていいし、いわれたら相手の気持ちを尊重しなければなりません。性的関係においては「NO」といった人が優先されるルールがある、と考えるとわかりやすいですね。

　では、一度キスをしたことのある相手と別の日にキスをしたいときはどうでしょう。パートナーや結婚している夫婦の場合も毎回同意は必要なのでしょうか。

　答えは「必要」です。状況や体調が変われば、人の気持ちも変わります。同意を求める最も簡単な方法は、言葉にして相手にたずねることです。この方法なら、空気を読んだりする必要もなく、相手も断りやすくなります。長い付き合いのパートナー同士になると、肯定的なしぐさや態度、笑顔などが同意の代わりになることがあるかもしれません。言葉以外のコミュニケーションで同意を確認できることはお互いを信頼しているあかしともいえます。

　あたりまえのことですが、相手を追いつめて「YES」といわせることは同意ではありません。同意が成立していな

いのに性的な接触をはじめたりしないことです。無言は
「YES」ではありません。嫌がっていないか、いいだせな
いだけではないかなど、相手を思いやる気持ちをもってく
ださい。また、「NO」は、その行為に対する「NO」であり、
あなた自身を否定するものではありません。「YES」も
「NO」も受け入れられる心の準備をしておきましょう。

セックスをする前に知っておきたいこと

　妊娠は、卵子と精子が受精し、受精卵が子宮に着床する
ことで成立します。ですから、セックスの時に、避妊をし
ない、または何らかの理由で避妊に失敗した場合には、妊
娠する可能性が出てきます。

　妊娠を避けたいのであれば、避妊をする必要があります。
避妊の方法には、コンドームや低用量ピル、IUD（子宮内
避妊具）やIUS（子宮内黄体ホルモン放出システム）などが
あります。セックスをするのであれば、相手と、避妊や性
感染症予防についての知識の確認をしたり、お互いの考え
や、心配ごとについて話し合ったりすることが重要です。

　気をつけていても、避妊に失敗することはあるかもしれ
ません。その時にどうすればいいのかについても、知って
おくことが重要です。

　意図しない妊娠は、その後の人生に大きな影響を与えま
す。特に10代であれば、学生生活を送っている人、就職
したばかりの人など、自立に向かって一生懸命の世代です

からなおさらですね。セックスの後、次の月経が遅れているときは、妊娠の可能性があるかもしれません。自分でできる確認方法として、ドラッグストアや薬局で購入できる妊娠検査薬があり、次の月経予定日の１週間後から使用可能とされています。妊娠検査薬で陽性となった場合には、なるべく早く産婦人科の病院、クリニックを受診して医師の診察を受けましょう。

　妊娠がわかったら、次にどうするのかを考えなければなりません。妊娠の継続か中断を選択する必要が出てくるのです。妊娠を中断する場合、人工妊娠中絶という手術を受けることになります。手術には費用がかかりますし、母体には精神的にも体力的にも負担がかかります。パートナーや親など、あなたの支えになってくれる人に相談してください。誰にも話せないという人は、電話やインターネットを利用して相談することもできます（p.73）。一人で抱え込まないで誰かと話してみてください。

　もし、あなたのパートナーが妊娠したら、あなたのからだに変化は起きないけれど、当事者であることには変わりありません。パートナーに寄り添い、決断を支えましょう。二人の価値観の衝突や経済力の問題など、自分たちだけで抱えきれないことがたくさんあると思います。そんな時は、信頼できる大人に相談してください。

　意図しない妊娠であっても、妊娠を継続することを選び、子育てをしながら充実した人生を送る人もいます。また、出産の後、養子縁組や里親制度を利用するカップルもいま

す。誰もが自分の意志で、性的関係、避妊、妊娠、出産、そのための医療を選択できることが大切であり、すべての人の権利なのです。自分のライフプランを考え、妊娠をする時期を自分でコントロールできることはとても重要なことです。

 資料　（知っておきたい）　## 避妊＆性感染症予防

コンドーム

薄い袋をペニスにかぶせることで、精子が腟内（ちつない）に入るのを防ぎます。避妊だけではなく、性感染症を防ぐためにも必ずつけることが大切です。

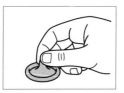  

精子をためる部分をつまんで空気を抜きながらペニスにかぶせる | 爪で傷つけないように注意しながら、ペニスの根元まで巻き下ろす | ゴムと包皮が一体化するようになじませる

低用量ピル

女性が服用することで、排卵や子宮内への受精卵の着床を抑制します。避妊だけではなく、月経周期のコントロールや月経痛を改善する目的で処方されることもあります。

IUD（子宮内避妊具）

子宮内に挿入して受精卵の着床を防ぐ避妊具です。

緊急避妊薬

性交後、72時間以内に女性が服用することで妊娠率を下げる効果があります。避妊に失敗した時や、性被害にあった時などに処方されます。

性の健康を守る（性感染症とHIV・エイズの予防）

　性感染症は、キスやセックスなどの性行為により感染する病気の総称です。

　代表的な性感染症として、梅毒、性器クラミジア感染症、淋菌感染症、尖圭コンジローマ、性器ヘルペスウイルス感染症、HIV・エイズなどがあります。

　性感染症は、感染している人の精液、腟分泌液、血液などに含まれている病原体が相手の粘膜や傷口に直接触れることによって起こります。そのため、予防にはコンドームを適切に使用することがとても大切です。また、性感染症には免疫性はなく、パートナー間でくり返し感染が起きる（ピンポン感染）こともあるため、パートナーを含めた早期治療が必要となります。性感染症を放置しておくと、ほかの性感染症やHIV感染症にかかりやすくなることがあるため、注意が必要です。

　HIV（ヒト免疫不全ウイルス）は、エイズ（後天性免疫不全症候群）を引き起こす原因となるウイルスの名前で、血液、精液、腟分泌液などの体液を介して人から人へ感染します。近年、治療薬の開発によりHIVに感染しても、以前のように「HIV感染＝死」ではなくなりました。

　U＝U（Undetectable＝Untransmittable）[※]という言葉を知っていますか？　これは、HIVに感染した人が、抗HIV治療を受けることにより血液中のウイルス量が検出できないほど低い値に継続的に保たれていれば、性行為をしてもほかの人にHIVが感染することはないことを意味する

※「Undetectable」は「検出限界値未満」、「Untransmittable」は「HIV感染しない」という意味

メッセージです。ですから、HIVに感染しても、適切な治療を受けていれば、恋愛やセックスをためらう必要はなくなりました。ただし、これはHIV以外の性感染症や意図しない妊娠の予防とは別の話。従って、引き続きあなたとあなたのパートナーの健康のために、コンドームの使用は続けてくださいね (p.46)。

　もうひとつのキーワード「PrEP（プレップ）」について紹介します。PrEPとは「暴露前予防内服（Pre-Exposure Prophylaxis）」のこと。これは、HIVに感染していない人が性行為の前後に薬を服用することによって、自分がHIVに感染するのを予防する方法です。決められたとおりに内服することで、性行為によるHIV感染の可能性を低下させる効果が期待できます。

　PrEPを始めるにあたっては、HIV検査が陰性であること、その他の性感染症の評価、副作用の評価などについてクリニックや医療機関で診療を受けることが必要になります。若いみなさんには、定期的に通院できる環境や費用の面で難しいかもしれませんが、こういった方法があることを知っておくと、いつか役に立つかもしれません (p.109)。

　セックスはお互いの関係を深める大切なコミュニケーションのひとつです。HIVや性感染症、妊娠など、セックスの後のことが心配でストレスと不安に苦しめられるのは大変なことですね。自分のからだのこと、性の健康について正しい知識をもつことは、人生を充実させる必須アイテムといえるでしょう。

周囲の人との人間関係

　みなさんは、普段、どんな人とつながり、関わっていますか？

　家族、学校の友だち、塾や習いごとの友だち、アルバイト先の人、"推し"が一緒の人、インターネットで知り合った人……などなど、いろいろな人とつながり、関わりながら日々を過ごしているのではないでしょうか。

　こんな調査があります。内閣府の調査で、若者（満13歳から満29歳まで）が、①どんな相手と、②どんなふうに関わっているのかを調べたものです。

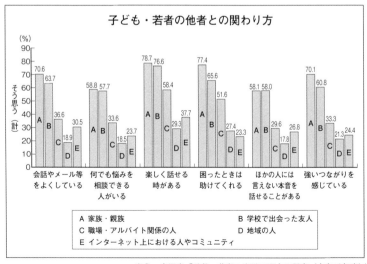

出典：内閣府「子供・若者の意識に関する調査（令和元年度）」

この結果を見て興味深いのは、「地域の人」と「インターネット上におけるコミュニティ」との比較では、「困ったときは助けてくれる」以外の項目はすべて「インターネット上のコミュニティ」の割合が高くなっていることです。これは、日常的なやりとりや悩み・本音のつぶやき、強いつながりといった点では「インターネット上のコミュニティ」との関わりが優勢な一方、「困ったときは助けてくれる」のは「地域の人」つまり、物理的に身近にいる人だと感じている若者が多いことがうかがえます。

　みなさんの身近にも、頼れる地域の人がいるかもしれませんね。

違いを楽しむ人間関係

　進学や就職のタイミングや、新しいバイトや趣味の場ができるたびに、新しい人間関係が生まれます。そのように人間関係は成長とともに広がっていくものです。

　新しい環境に身を置く時、あなたはワクワクするタイプでしょうか？　それとも緊張するタイプですか？

　人に自分の考えを伝える時は、意見が異なったらどうしよう、否定されるのが怖い、なんて思うこともあるでしょう。

　でも、社会は、それぞれ違った経験をしてきた人の集まりですから、お互いの価値観が少しずつ違うことは当然です。そして、出会いは、新しい考え方を知るチャンスでもあるのです。

大切なのは、お互いの違いを尊重し、楽しむことです。もしけんかをしてしまいそうなときは、少し距離を置いて「へえ！　そんなことを考えるんだね」と受け止めてみましょう。お互いの考えを話すうちに、お互いに興味が湧いて、仲よくなれるかもしれません。

　今身の回りにいる「周囲の人」の中には、いつか「友人」になったり「恋人」になったりする人がいるかもしれません。恋人から友人になることも、家族になることもあるでしょう。
　人間関係にはさまざまな可能性があるのです。

人間関係における「暴力」

「暴力」というと、殴る、蹴るといった身体的なものを思い浮かべる人が多いかもしれません。でも実際には、身体的暴力のほかにも、言葉による暴力、無視などのいじめによる精神的な暴力がありますね。このほかにも、経済的暴力、性的暴力、最近ではSNSなどを使って行われるデジタル暴力といった言葉も聞かれるようになりました。

　これらの言葉からもわかるように、暴力にはさまざまな形がありそうです。そして、これらはそれぞれの種類に分けられるというわけではなく、重なり合っていることもありますし、複数の暴力が同時に起こることもあるでしょう。例えば、殴られたりしたら精神的なダメージも受けますよね。

　私たちには、こうした暴力にさらされることなく、安全に、安心して生きていく権利があります。

　子どもの基本的人権を国際的に保障するために定められた条約「子どもの権利条約」には、「子どもの命が守られ、健康かつ人間らしい生活を送ることができる権利（生きる権利）」、そして、「子どもがあらゆる暴力・虐待・搾取から守られ、幸福に生きられる権利（守られる権利）」※が定められています。

　暴力を受けることなく毎日を過ごせればいいのですが、

※ユニセフ「子どもの権利条約」https://www.unicef.or.jp/about_unicef/about_rig.html

さまざまな人たちと関係をもちながら生きていく中で、時には避けられないことがあるかもしれません。

　その時に大切になってくるのが、「暴力とは何か」ということを知っておくことです。自分の受けている行為が暴力だとわかることは、自分を暴力から守ることにつながっていきます。もちろん、自分が暴力の加害者になることを防ぐことにもつながります。

　ここでは、暴力を理解するうえで大切なことを五つあげておきたいと思います。

　一つめは、「暴力」とは、身体的・精神的にかかわらず、相手を傷つけ、尊厳を奪う行為だということです。いじめやからかい、ハラスメント、そして虐待といった行為も暴力です。「からかいも？」って思うかもしれませんが、「悪ふざけ」や「ノリ」といった軽い気持ちで行われる行為だとしても、人を傷つけることは暴力です。

　二つめは、どんな理由があったとしても暴力は間違った行為だということです。それが、信頼していた人、親しい友だちや恋人、家族からの暴力だったとしてもです。

　三つめは、暴力の被害者は決して悪くないということです。暴力を受けた人は、力を奪われて元気がなくなり「自分が悪いのかも」と感じてしまうことがあるかもしれません。しかし間違った行為なのは暴力であって、被害者は決して悪くないのです。

　四つめは、そうした暴力を受けた時には「助けを求めることができる」ということです。自分のためだけではなく、

暴力を受けている誰かのために助けを求めることもできます。暴力を受けていい人は一人もいません。すべての人に、暴力から守られる権利があるのです。

　五つめは、みなさん一人ひとりに、暴力のない社会をつくっていく責任があるということです。これは、とても難しい課題かもしれませんが、「暴力」とは何か、どうしたらなくしていくことができるのかを考えていくことからスタートします。

　自分たちが生きていく中で、暴力を見すごさない、許さないという実践が、そうした社会をつくっていくのです。そのための一歩として、どんな人間関係の中で暴力が起こるのかを具体的に考えていきましょう。

家族の中での性暴力

　家族とは、多くの子どもにとって最初に出会う「社会」です。すべての子どもには、社会の中で守られ、安全に育つ権利があります。

　しかし現実には、家族の中でも暴力が起きる場合があり、その中には性暴力被害も含まれます。
　性暴力被害には、言葉によるもの（性的な冗談やからかい等）、視覚によるもの（性的な画像や写真などを見せる等）、身体接触をともなうもの（同意のない、からだへの接触）、性交をともなうもの（同意のない性交）、情報ツールを用いたものなどが含まれます。
　内閣府の調査※によると、性暴力の加害者との関係で「親（育ての親、義理の親を除く）」2.5%、「育ての親、義理の親、親の交際相手」2.2%、「兄弟姉妹」1.3%、「上記以外の親族」1.6%となっており、実態としてさまざまな関係の家族による性暴力があることがわかります。

　重要なのは、家族の中であっても、望まない行為をされたらそれは暴力だということです。被害者は悪くありません。守られ、安全に暮らす権利が脅かされた時は助けを求めてください。
　身近に信頼できる人がいればその人に相談してみましょ

※内閣府男女共同参画局「令和３年度若年層に対する性暴力の予防啓発相談事業　若年層の性暴力被害の実態に関するオンラインアンケート及びヒアリング結果　報告書」令和４年３月

う。力になってくれるかもしれません。また、相談機関（p.72）を頼ることもできます。

　被害を受けていた人の中には、家族ゆえに自分への行為が暴力だと思いたくなかった人や、幼い頃は行為の意味がわからず、自分が受けているのが暴力だということに長い間気づかなかったという人も少なくありません。
　たとえその出来事から時間がたっていても、あれは暴力だったと思うことがあったり、不安に思うことがあればいつでも相談はできます。

友人関係のトラブル

外見についてのからかい、性体験についてのからかい

（1）身の回りのさまざまないじめ（暴力）

「いじめ」は、学校、家庭、塾、オンラインの場面など、いつでも、どこでも起きる可能性があります。いじめには、殴る、蹴るなどの身体的な暴力のほか、殴ろうとするまねをする、言葉でおどす、どなる、なども暴力です。また、「〇〇してくれないなら自殺する」などといって人の行動をコントロールすることも暴力になることがあります。

　外見に関わるいじめは、容姿やからだの大きさ、体形についてからかう、笑う……などがあります。性的ないじめには、ズボン下ろし、性経験をからかう、うわさ話をする……などがあり、どちらも心を傷つけるいじめです。私たちの周りには、ほかにもインターネットを使ったセクスティング（p.63）や誹謗中傷、仲間外れなど、さまざまないじめが存在します。

　いじめを受けると、それまであたりまえだった日常生活に影響が出たり、心やからだの健康に害を及ぼしたりします。もし、自分がいじめられていると感じたら、信頼できる大人に相談してください。自分がいじめられていることを話すのは勇気がいることかもしれません。しかし、いじ

めの問題に気づくこと、気づいてもらうことが解決のためのはじめの一歩になるのです。

（2）自分がいじめられたら

　いじめを解決するのは難しいと考えてしまいがちですが、行動を起こさなければ何も変わりません。インターネットでいじめを受けているならば、相手をブロックする、電話に出ない、などの対処をしましょう。また、誰かに相談する時に備えてメールやメッセージなどは記録しておくとよいでしょう。自分が信頼できる大人に相談する、学校外の相談機関、電話相談につながるなど、自分にできる対処をはじめましょう。

（3）誰かがいじめられていたら

　いじめられている人を助けたいと思ったら、いじめられている人の味方になりましょう。その場ですぐに止めることができなかったとしても（自分の安全も大切です）、寄り添うことがその人の力になるはずです。信頼できる大人に相談することを勧めるか、あなた自身が相談してください。

ピアプレッシャー（仲間からの圧力）

　友だちが数人集まると、うわさ話や悪口で盛り上がったりすることもあるのではないでしょうか。時にはよくないふるまいや態度をしたり、させられたりすることがあるか

もしれません。

　子どもでも大人でも、私たちは仲間から受け入れてもらいたい、認められたい、という欲求をもっています。互いに高め合えるような、仲間からのよいプレッシャーには幸福感を感じますし、よい影響を与え合うことができます。クラブ活動や学校の行事を仲間と協力して成し遂げる、などがその例です。

　一方で、自分がしたくないと思うことにも仲間からのプレッシャーはあります。仲間に入りたい、仲間に一目置かれたい、空気を読んで、好奇心で……などの理由から、その場の雰囲気にのまれ、危ないとわかっていても行動してしまう、なんてことも起きるのです。

　インターネットの世界にもピアプレッシャーは存在します。SNS上で写真や動画をアップしたり、誰かの悪口を書き込むなど、「自分もやっているのだから」と同じことをするように圧力をかけられたりするのがその例です。

「エコーチェンバー現象」という言葉を知っていますか？

　自分と同じような意見をもった人々とつながることで、属しているグループの意見ばかりがどんどん大きく、強くなっていき、その結果、ものごとの一面しか見えなくなってしまう現象のことをいいます。反対意見や中立的な情報が入ってこなくなることで、閉じ込められた世界にいることに気づけなくなってしまうのです。また、ネットワークを通じて誤った情報が広がりやすいのも、インターネットの特徴としてあげられます。このような状況に陥るのを避けるためには、情報の出どころや真偽を確かめることが重

要です (p.95)。

　ピアプレッシャーを感じて迷った時は、行動先にある結果を考え、利点と欠点を想像してみてください。あなたの判断の助けになると思います。

カミングアウトとアウティング

　あなたの身近に「オカマ」「ホモ」「レズ」などのセクシュアリティに関連する言葉で誰かをばかにしたりからかったりする雰囲気はありませんか？　これらの言葉はいじめや差別につながる言葉です。

　自分のセクシュアリティについて、友だちや家族にカミングアウトすることはとても勇気のいることです。本当はありのままの自分でいたいと思っていても、カミングアウトを受け入れてもらえないかもしれない、いじめや差別を受けるかもしれないという不安から、なかなか人に話せずにいる人も多いと思います。

　周囲の人々にカミングアウトできるのかどうかは、その人の生活する環境やこういった雰囲気に大きく影響されます。ですから、カミングアウトをするか／しないか、いつ、誰にカミングアウトするのかを決める時、前もって周囲の様子をよく観察しましょう。また、家族などの身近な人々ほど、カミングアウトは難しいと感じる人は多いようです。はじめは信頼できる人、頼りになる人へのカミングアウトからはじめて、徐々にカミングアウトに慣れてみるのもよいかもしれません。

もしあなたが友だちからセクシュアリティについてカミングアウトされたとしたら、それはあなたに理解してほしい、あなたを信頼しているというあかしです。まずは自分に話してくれたことに感謝して、笑ったりせずにじっくり話を聞いてください。わからないことがあれば質問したってよいのです。自分にできることは何かを一緒に考えてみてください。

　ここで大事なことは、打ち明けられた秘密を守るということ。見聞きしたことを勝手に誰かに話すことは厳禁です。セクシュアリティについて、その人の許可なく第三者にいいふらしたり、SNSなどに書き込んだりすることを「アウティング」といい、場合によってはその人の命に関わる重大な行為となります。もしも、自分が抱えきれないと感じた時は、相手の許可を得てから、信頼できる大人に相談するのがよいでしよう。

　カミングアウトは、伝える側にとってカミングアウト後の生活や人間関係に対する不安をともなう大きなイベントです。「いっちゃえよ」とか「その場のノリ」でカミングアウトをさせるようなことがあってはいけません。

　自分は当事者ではないけれど、LGBTQをはじめとする性的マイノリティである人たちを理解し、応援するという気持ちや立場を明らかにしている人のことを「アライ」と呼んでいます。少しずつ仲間が増えていってくれるとよいですね。

恋愛関係のトラブル

恋愛のトラブル「別れ」

　親しい人との別れは、誰にとってもつらいことです。ましてや恋人との別れであればなおさらですね。

　恋愛関係が終わる理由にはいろいろあります。例えば、お互いの気持ちが離れてしまった、引っ越しのため遠距離恋愛になり関係が保てなくなった、ほかに好きな人ができた、どちらかの性暴力、などです。

　振る側にとっても、振られる側にとっても、恋愛関係を終わらせるということは簡単なことではありません。別れた後には、悲しみ、とまどい、自信の喪失、相手への不信感、怒りなど、さまざまな感情が表れることがあります。それは、その人にとってとてもつらい体験ですが、多くは一時的なもので、時間がたつと徐々に受け入れられるようになるものです。いつもの自分を取り戻すために、友だちや家族と話す、趣味やスポーツに打ち込むなどして気分転換するのがお勧めです。

　一方、「別れ」が原因となるトラブルに、ストーカー行為があります。ストーカーとは、相手の気持ちを考えず、自分の気持ちを一方的に押しつける行為をする人のことです。具体的には、元交際相手に対するつきまとい・待ち伏せ・押しかけ・うろつきなどの行為をくり返すことをさし、相

手に恐怖を抱かせた時点でストーカーになります。

　昔から「嫌よ嫌よは、好きのうち」という言葉がありますが、「嫌」には拒否以外の意味はありません。恋愛関係は二人の合意があって成り立つもので、どちらかに恋愛関係を続ける意思がなくなれば、その関係は終わりにするしかないのです。たとえ、好きだった人と別れて一人になったとしても、自立できる力、一人ですごせる勇気をもってほしいのです。

　もし、あなたが元交際相手の行為に不安を感じたり、実際にストーカー行為を受けたりしているとしたら、ストーカー行為を事件に発展させないためにも、早い段階で警察に相談してください。解決策が見つかるはずです。

さまざまな性暴力
― セクスティング、リベンジポルノ、グルーミング―

　セクスティングとは、「セックス」と「テキスト（テキスティング）」を合わせて作られた言葉で、スマートフォンやPCを使って、性的なメッセージや画像などをやりとりする行為のことをいいます。

　リベンジポルノ（復讐を目的として、元交際相手または元配偶者の性的な画像や動画をSNSなどに投稿すること）やセクストーション（セックス［性的］とエクストーション［脅迫・ゆすり］を合わせた言葉で「性的脅迫」のこと）などにつながる危険性があり、近年世界中で問題となっています。なお、日本では、18歳未満の子どもの裸や性的

な画像・動画を撮ってほかの人に提供、または製造、所持した場合は犯罪となります。

　付き合っている人、または、親しい友人からセクスティングを求められた時は、たとえ相手のことを信用していたとしても、断ることが賢明です。中には、人の注意をひきたいとか、好きになってもらいたくてセクスティングをする人がいるかもしれません。

　しかし、いったん画像や動画を送ったら、完全に削除することは難しく、インターネットを通じて多くの人々に共有される可能性があります。めぐりめぐって先生やクラスメイト、家族や親せきに届くことも考えておかなければなりません。

　また、今は親密な関係であっても、元恋人が腹いせに性的な画像や動画をSNSに投稿する可能性もあります。この行為は、リベンジポルノに該当し、犯罪となります。警察の介入により加害者を罰することはできますが、その行為によって受ける被害は大きいでしょう。

　グルーミングとは、性行為を目的として接近し、信頼や好意を利用して心をコントロールすることで、相手を手なずけていくことをいいます。

　例えば、「悩んでるの？　大丈夫？」「話を聞くよ」「君は頭がいいね」「君は特別だよ」などと、理解者のふりをして近づき、信頼を得て依存させ、最終的には性的な行為に持ち込みます。SNSを通じた面識のない加害者による

オンライングルーミングのほか、教員、塾やスポーツの指導者など顔見知りが加害者になる場合もあります。

　もし、あなたがセクスティング、リベンジポルノ、セクストーション、グルーミングの被害にあったら、被害を最小限におさえるため、できるだけ早く信頼できる大人に相談してください。
　日本では、リベンジポルノなどの違法なコンテンツを、無料で国内外のプロバイダに削除依頼の申請をしてくれるサイト※もあります。被害の状況により警察に通報することも必要です。

※インターネット上の書き込みなどに関する相談・通報窓口

・違法・有害情報相談センター　https://ihaho.jp
・一般社団法人セーファーインターネット協会　https://www.saferinternet.or.jp

周囲の人たちとの間で起こる性暴力

　ここまでにあげてきた性暴力、性に関わるトラブルは、顔見知りやバイト先の人、学校の先生などの「周囲の人」との間で起こることもあります。

顔見知りからの性暴力

　内閣府の報告書※によると、顔見知りから受けた性暴力の「被害にあったときの状況」では、①「自分に行われていることがよくわからない状態だった」が26.4％と最も多く、②「相手から、不意をつかれ、突然に襲いかかられた」18.4％、③「驚きや混乱、恐怖などでからだが動かなかった」16.8％となっています。

　つまり、被害者は顔見知りの人からそのような被害にあうということは全く想像もしておらず、突然そのような事態になり、驚きと混乱からフリーズしてしまうという状況に陥っているということです。

　「こんなことをする人ではないはず」というような先入観が助けを求めることをためらわせてしまうこともあります。このような被害にあった人たちがどのような人や機関に相談したかをみてみると、①「どこ（だれ）にも相談しなかった」が47.3％と最も多く、②「友人・知人」31.2％、③「家族や親戚」27.4％、④「学校関係者」11.3％でした。

※内閣府男女共同参画局「令和３年度若年層に対する性暴力の予防啓発相談事業　若年層の性暴力被害の実態に関するオンラインアンケート及びヒアリング結果　報告書」令和４年３月

どこにも、誰にも相談しなかった人が、ほぼ半数を占めています。

　このことから、一人で悩みを抱え、苦しんでいる人は予想以上に多いことがわかります。

性暴力の二次被害

　性暴力の被害にあった後、周囲の人の心ない言葉に傷つけられることを、性暴力の二次被害といいます。「たいしたことはない」と被害を軽く見積もるような言葉であったり「あなたが魅力的だったから」「抵抗しなかったから」などとまるで被害を受けた側に非があるようなことをいわれたりするなどです。特に近年はSNSなどの書き込みによって傷つけられる例が増えています。

　被害を受けた側は悪くありません。そのような性被害が起こらない、そして万が一起こってしまった際に、被害者が安全にサポートを受けることのできる社会が望まれます。

痴漢は犯罪です

　痴漢とは電車やエレベーター、夜道などで相手のからだに触れたり抱きついたりする行為や、自身の下半身を露出させて相手の反応を見て楽しむなどの行為をさす性暴力です。このほかに盗撮やのぞき見、いやらしい言葉をかけ、相手に恥ずかしい思いや不安を感じさせることなども痴漢行為の一種です。

　痴漢行為は、迷惑防止条例、強制わいせつ罪、公然わいせつ罪などで取り締まられる犯罪です。

　一方で、痴漢行為は人目のない場所や身動きをとりづらい場所で行われることが多く、被害者が抵抗しにくいことなどから、警察に通報・相談されるケースは実際の被害よりもかなり少ないと考えられています。

　また、痴漢対策は、被害にあわないための対応・行動を促すものが多いのが現状です。

　実際に、痴漢の被害者からは、痴漢にあったことで通学電車の時間帯を変えた、などの声を聞いたこともあります。しかしなぜ被害者が時間をずらさなければならないのでしょうか。

　痴漢の話題が出た時に、被害者に問題があったかのようなことをいったり、被害を軽く見積もったりすることは性暴力の二次加害です。

　大切なのは、社会全体で痴漢という犯罪が行われないような環境づくりに取り組んでいくことです。

　身の回りの人たちと、どうしたらそのような環境をつくることができるのか、ぜひ意見交換をしてみてください。

助けや援助を求めるスキル

　人に「助けて」ということができますか？

　実は助けを求めるというのは生きていくために大切なスキルのひとつなのです。

　助けを求めたら迷惑がかかるかもしれない、助けを求めるのは情けない、助けを求めても理解されないかもしれない、などと考えてしまうこともあるかもしれません。しかし、助けを求め、援助を受けることはあなたの権利です。

　ひとりで抱えているにはつらい悩みも、相談することできっと乗り越える手がかりを得ることができます。

信頼できる人を探そう

　性暴力はもちろん、どんな暴力でも一番重要なことは、暴力の被害に遭った人は何も悪くないということです。

　性暴力は、被害者の尊厳を傷つける行為です。被害にあった人の中には、すぐにはそれが被害だと認識できなかったり、自分ががまんすればと耐えたりしてしまうことが少なくありません。

　もしかしたら、これを読んでいる人の中にも、つらい経験をしている人がいるかもしれませんね。

　あなたは悪くありません。

どうか、一人で悩まずに、信頼できる大人、専門の相談機関に話をして、専門家によるケアを受けてみましょう。専門の相談機関はさまざまな事例への対応経験があるためとても頼りになりますし、あなたの気持ちに寄り添った支援をしてくれます。

　もしも一人で相談するのは緊張する、などという場合は、信頼できる人に付き添ってもらうのもよいですし、相談できる気持ちになるのを待ってもよいと思います。

　できれば、常日頃から身近にいる信頼できる人は誰かを考え、小さなことから相談できる関係をもっていてほしいと思います。助けや援助を求めるスキルを身につけることは、あなたが安全に幸せに生きていくための力です。

もし性暴力被害にあってしまったら

　自分や大切な人がそのような性暴力被害にあってしまった時、どうしたらよいのでしょうか？

　まずは、安全を確保したうえで、「身近にいる信頼できる大人」に相談をしましょう。その後、専門機関に相談しましょう。代表的な専門機関をp.72に紹介します。

妊娠や性感染症が心配

　被害から72時間以内であれば、緊急避妊薬を服用することによって、かなりの確率で望まない妊娠を防ぐことができます。72時間をすぎてしまっても120時間以内であれば効果はありますが、時間がたつほどに避妊成功率は低くなるため、できるだけ早く医療機関に相談しましょう。

飲み物や食べ物に薬が入っていたかも……

　「意識がもうろうとした」「記憶がない／あいまいだ」と感じる場合は、睡眠薬などの影響かもしれません。薬物によっては、飲んでから数時間から数日後（3日前後）で体外に排出されてしまいますが、早い段階であれば尿検査などを受けて証拠となる薬物を調べることができます。

落ち着かない、不安、眠れない

　突然ショックな経験をすると、心やからだにさまざまな変化が生じます。人によってどのような変化が生じるのかは違います。このような変化はショックな出来事を経験したことによる、自然な反応です。

　身近にいる信頼できる大人、性犯罪・性暴力被害者のためのワンストップ支援センター、医療機関等に相談しましょう。

相談機関の紹介

緊急の相談

警察の性犯罪被害相談電話「#8103（ハートさん）」

　性犯罪被害者の専用電話。ダイヤルすると、発信場所を管轄する都道府県警察の性犯罪被害相談電話につながります。通話料無料。

犯罪・性暴力被害者のためのワンストップ支援センター「#8891（はやくワンストップ）」

　性犯罪・性暴力に関する相談窓口です。産婦人科やカウンセリング、警察、法律相談など、必要な機関につないでくれます。

　すべての都道府県にあり、携帯電話・NTTアナログの固定電話からは「#8891」で最寄りのワンストップ支援センターにつながります。通話料無料。

性暴力に関するSNS相談「Curetime（キュアタイム）」

　年齢・性別・セクシュアリティを問わず、匿名で性暴力の悩みについて相談を受けつけています。

　チャット相談（毎日17時～21時まで）のほかにも、メール相談や外国語での相談を受けつけています。

https://curetime.jp

妊娠についての不安や悩みがある時は

「避妊に失敗してしまったかもしれない」「彼女を妊娠させて
しまったかもしれない」など、妊娠にまつわる困りごとや不
安を、電話やメールで相談できる窓口が全国各地にあります。

全国の「にんしんSOS」相談窓口
https://zenninnet-sos.org/contact-list

性感染症かもしれないと思った時は

　自治体の保健所などでは、匿名・無料でHIV検査や性感染
症[※]の検査を受けることができます。

　検査の予約が必要な場合もありますので確認しておきま
しょう。

※会場によって検査を受けられる性感染症の種類が異なる場合もあります
※HIV検査の場合、感染リスクのある性行為をしてから、原則60日以上
　（即日検査では90日以上）経過していないと正確な結果が出ないことが
　あります

HIV検査相談マップ　https://www.hivkensa.com

自分のからだのことで悩みがある時は

JFPA思春期・FP相談LINE
　思春期のからだについての心配ごとを相談で
きる窓口です。緊急避妊の相談もできます。

　受付時間：月〜金曜日10：00〜16：00
　　　　　（祝祭日休み）

性的指向・性自認についての相談窓口

AGP　こころの電話相談

　LGBTQ+の当事者の悩みや心の問題、またそのご家族の悩みについて対応します。

　電話番号：050-5806-7216

　受付時間：毎週火曜日20時〜22時

http://www.agp-online.jp/Tele_Counseling.html

一般社団法人にじーず

　10代から23歳までのLGBT（かもしれない人を含む）が集まれるオープンデーを定期開催しています。

　https://24zzz-lgbt.com

さまざまな悩み相談

よりそいホットライン（一般社団法人　社会的包摂サポートセンター）

　どんな人の、どんな悩みにもよりそって一緒に解決する方法を探す電話相談です。

　電話番号：0120-279-338

　（岩手県・宮城県・福島県からは）TEL：0120-279-226

　受付時間：24時間365日対応

https://www.since2011.net/yorisoi/

第 3 章

社会の中の

〈性〉

「社会」が性に与える影響

　2章では、家族や友人、恋愛などの「人間関係」と性について考えてきました。この章では、さらに視野を広げてみましょう。私たちの考えや行動に影響を与えているのは、目の前にいる人たちだけではないことに気づくと思います。

　例えば、あなたが異性を好きな人なら、将来は誰かと結婚したいと考えているかもしれません。もしあなたが同性を好きな人なら、好きな人とずっと一緒に暮らせるのか、不安になっているかもしれません。現在の日本の法律では、同性同士の結婚は認められていないからです。
　このように、普段あまり意識することのない法律も、実は私たちの考えや行動に大きな影響を与えているのです。法律は、人々が集団生活を送るうえで欠かせないものですが、性に関する考え方や行動を自由にしたり、縛ったりします。
　人々の集団を「社会」と呼び、私たちは、地域や国など、さまざまな社会の一員として生活しています。社会は法律だけではなく、文化、学問、宗教など、さまざまな形で性にいろいろな影響を与えています。
　法律のように明文化されていなくても、「女性は（男性は）○○すべきだ／してはいけない」といった価値観が、社会にはたくさん存在しています。このように人々の行動

を促したり、縛ったりする暗黙のルールは「規範」と呼ばれ、性別に関するものは「ジェンダーステレオタイプ」や「性別規範」（p.11）と呼ばれます。

　例えば、「女の子なんだから、もっとおしとやかにしなさい」といわれたり、「男の子なんだから、泣くんじゃない」といわれたりした経験がある人もいると思います。これは、社会に「女性はおしとやかであるべきだ」「男性は人前で泣いてはいけない」という性別規範が存在しているからです。明文化されたルールにはなっていなくても、こうした規範は「普通」や「常識」といった言葉とともに、私たちの性に関する考え方や行動に大きな影響を与えています。

　さらに、私たちの周りには、新聞や雑誌、テレビやインターネットなどを通じて、たくさんの情報があふれています。これらの「情報を伝える媒体」を「メディア」と呼びます。メディアにおいて「性」がどのように描かれているのかも、私たちの考えや行動に大きな影響を及ぼしています。

　３章では「社会の中の性」をテーマとし、社会において

性がどのように扱われているのかを見ていきます。それらの中には、昔からあまり変わっていないものもあれば、時代によって変化してきたもの、多くの人たちの努力によって少しずつ改善されてきたものもあります。

　取り上げるのは現在の日本の事例が中心ですが、時には歴史を振り返ってみたり、または諸外国の様子もみたりしていくことにしましょう。

　現在の日本に暮らしていると、自分たちの社会が世界のすべてであり、自分たちの価値観こそが「あたりまえ」であるかのように錯覚しがちです。そんな時、歴史をひも解いてみたり、外国と日本を比較してみたりすることで、自分たちが暮らす社会を客観的にみつめることができます。

社会の中の「ジェンダーバイアス」、「ジェンダーギャップ」

「女子力」という言葉を聞いたことがある人も多いと思います。お弁当を自分でつくる、かわいいインテリアをそろえるなど、「女性的」とされるふるまいをしたときに「女子力が高いね」などといわれたりします。

　この言葉の背景には「男性は外で仕事、女性は内で家事・育児」という「近代的な性別役割分業観」があります。あとで説明しますが「近代的」というとおり、こうした価値観は日本では明治以降になって普及したものです。そして、この価値観に従って、さまざまなことがらが「女性的」「男性的」と分けられていきました。例えば、文化祭の準備で重い荷物を運ぶのは男子生徒、教室の飾りつけをするのは

女子生徒……といった具合です。確かに体力の最大値や平均値は男子の方が大きいかもしれませんが、すべての人にとって当てはまるわけではありません。実際には重い荷物を運ぶのが得意な女性も、料理や細かい作業が得意な男性も、たくさんいます。

　このように女らしさ・男らしさの言葉などを使い、性別によって役割を固定するような見方を「ジェンダーバイアス」と呼びます。バイアスとは偏見のことです。ほとんどの場合、本人は自分の偏見に気づいていないため、「アンコンシャスバイアス（無意識の偏見）」と呼ばれることもあります。

　日本のジェンダーバイアスはどうでしょうか？

　例えば、働く女性への「子どものことを放っておいて、仕事ばかりしている」という非難は、男性に対していわれることはほぼありません。つまり、現代の日本は、女性が社会で仕事をしたり、公的な役職に就いたりする際に、男性とは比較にならないほどのハンディを負っているということです。

　こうしたことの積み重ねで、日本の政治や経済の分野では依然として男性が中心であり、女性が極端に少ないという状況が続いています。この格差を「ジェンダーギャップ」と呼びます。

近代に広まった、性別による役割分担のイメージ

「男性は外で仕事、女性は内で家事・育児」という、日本における近代的な性別役割分業観は、明治時代に知識人が提唱したものです。大正時代には「サラリーマンの夫と専業主婦の妻」という組み合わせの家族が都市部などにみられるようになり、戦後の高度経済成長期に入ってからこうした家族が日本各地に広まっていきます。

「男性は仕事、女性は家事・育児」という価値観を「日本の伝統だ」という人もいますが、実際にはその歴史は戦後に広まった、思いのほか新しいものなのです。

例えば江戸時代、人口の大半を占めていた農民の暮らしでは、女性も男性もみんな働いていました。家事や育児は手が空いている人が行い、祖父母や兄・姉が子守りをするケースも多くありました。

戦後、正社員の夫と専業主婦の組み合わせが増えると、企業は社員を目いっぱい働かせることができるようになりました。急な残業や出張があっても、家庭のことは専業主婦である妻に任せておくことで、男性社員を仕事に専念させることが可能になったためです。日本の高度経済成長を支えたこのしくみを、歴史学者の鹿野政直さんは"「社員」・「主婦」システム"と呼んでいます[※]。

戦後80年近くになりますが、日本には未だ「男性は仕事、女性は家事・育児」という価値観が根強く残っています。そのため、先ほども述べたとおり、今も女性が社会で活躍することにさまざまな困難があります。また、こうし

※鹿野政直著『現代日本女性史―フェミニズムを軸として』有斐閣、2004年

たジェンダーバイアスに苦しめられているのは、女性だけではありません。男性も「一家の大黒柱として、家族を養わなければならない」というプレッシャーに苦しめられることになります。過労死や、会社の倒産やリストラを苦にした自殺は、男性の方が多いことが知られています。

労働環境の変化

　女性も男性もいきいきと自分らしく暮らせる社会を目指し、これまで多くの人が努力してきました。

　例えば、戦後しばらくの間は、30歳頃になった女性、結婚した女性は退職しなければならない、という制度を設けている企業がたくさんあったのです。

　1966年になって、こうした制度は差別であり、男女平等を定めた憲法に違反していると裁判で訴えた女性が東京地裁で勝訴しました。やがて、日本は国連の女子差別撤廃条約の批准（条約に対して同意すること）にあたり、1985年に「男女雇用機会均等法」を制定しました。この法律は1997年と2006年に改訂され、採用や昇進、教育訓練などにおける差別を禁止しています。

　女性が働く際に、大きな苦痛をもたらすことが多かった性的な嫌がらせが「セクシュアル・ハラスメント（セクハラ）」として日本でも広く知られるようになったのは1980年代後半のことです。現在も「＃MeToo」運動などで、性暴力を許さない社会をつくろうと、多くの女性たちが声を上げています。

政府も「女性活躍」を掲げ、企業等で女性を積極的に登用すべきだという姿勢を示しています。実際に、下のグラフにあるとおり、部長や課長、係長など民間企業の管理職に就いている女性の割合は、この30年ほどの間に大幅に増加しました。こうした状況を見て「もはや日本には女性差別は存在しない」「むしろ差別されているのは男性の方だ」といった主張をする人もいます。

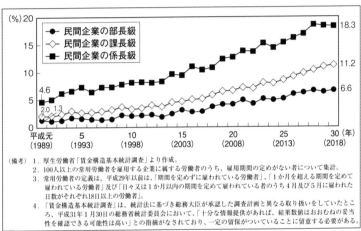

（備考）1．厚生労働省「賃金構造基本統計調査」より作成。
　　　　2．100人以上の常用労働者を雇用する企業に属する労働者のうち、雇用期間の定めがない者について集計。
　　　　3．常用労働者の定義は、平成29年以前は、「期間を定めずに雇われている労働者」、「1か月を超える期間を定めて雇われている労働者」及び「日々又は1か月以内の期間を定めて雇われている者のうち4月及び5月に雇われた日数がそれぞれ18日以上の労働者」。
　　　　4．「賃金構造基本統計調査」は、統計法に基づき総務大臣が承認した調査計画と異なる取り扱いをしていたところ、平成31年1月30日の総務省統計委員会において、「十分な情報提供があれば、結果数値はおおむねの妥当性を確認できる可能性は高い」との指摘がなされており、一定の留保がついていることに留意する必要がある。

階級別役職者に占める女性の割合の推移

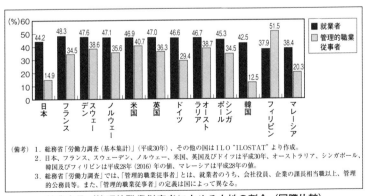

（備考）1．総務省「労働力調査（基本集計）」（平成30年）、その他の国はILO "ILOSTAT"より作成。
　　　　2．日本、フランス、スウェーデン、ノルウェー、米国、英国及びドイツは平成30年、オーストラリア、シンガポール、韓国及びフィリピンは平成28年（2016）年の値、マレーシアは平成28年の値。
　　　　3．総務省「労働力調査」では、「管理的職業従事者」とは、就業者のうち、会社役員、企業の課長相当職以上、管理的公務員等。また、「管理的職業従事者」の定義は国によって異なる。

就業者及び管理的職業従事者に占める女性の割合（国際比較）

出典：男女共同参画局「男女共同参画白書 令和元年版」

しかし、増えたとはいえ、2018年時点で役職者に占める女性の割合は係長級で18.3%、課長級で11.2%、部長級では6.6%です。今なお男性が圧倒的に多く、役職が上がるほど女性の割合は下がります。

　また男性の育児休業取得率の少なさ・取りづらさや、共働き家庭であっても妻である女性にばかりに家事負担が集中しているというデータもあります。日本の職場や家庭におけるジェンダーギャップが克服されるには、もうしばらく時間がかかりそうです。

身近にあるジェンダーバイアス、ジェンダーギャップ

　学校は企業などに比べると比較的、男女平等な空間だといわれますが、それでも、さまざまな形でジェンダーバイアス、ジェンダーギャップが存在しています。

　例えば「理系科目は男子生徒の方が得意」といった言葉を聞いたことがある人は少なくないと思います。こういった言葉をくり返し刷り込まれると、行動や考え方に影響を受けます。例えば、数学のテストで失敗しても「自分は女子だからいいか」と思ってしまったり、逆によい得点を取った時に「女子なのに数学が得意なのは、変なのかな？」と考えてしまったりするといった具合です。その結果、女子は理系よりも文系科目に力を入れることになりがちで、結果的に「理系は男子、文系は女子」が現実になってしまうのです。実際に、大学でも学生に占める女性の比率は理学分野で27.8%、工学分野では15.7%と、男子学生の方

が圧倒的に多くなっています[※1]。

　こうした流れを断ち切るには、「理系科目は男子生徒の方が得意」のような、性別による決めつけ、根拠のない先入観をなくしていくことが重要です。

　日本では数学や理科が好きな生徒、得意な生徒の女子の割合に比べ、大学の理工系学部に進学する女子の割合が極端に低くなっている、というデータもあります[※2]。まずは性別にとらわれず、自分自身が好きな科目、得意な科目の力を伸ばしていくことが大切です。また、学校の先生や保護者の方などは、自分の中にあるジェンダーバイアスを子どもたちに押しつけて可能性の芽を摘んでしまっていないのか、日頃の言動を振り返る必要もあるでしょう。

　大学や企業なども、これまで理工系分野に男性が圧倒的に多かったことから、男性中心的なあり方になっていなかったのかを点検する必要があります。女性も男性も、性別に関係なく、自分の好きな分野や得意な分野で力を発揮できる。そんな新しい「あたりまえ」をつくっていくためにも、身近なジェンダーバイアスやジェンダーギャップに注意することは、とても重要なことなのです。

　ところで学校の教員に占める女性の割合は、小学校が62.5%、中学校が44.2%、高校が34%となっています。管理職の女性割合はここでも低く、小学校校長で21.8%、高校の校長ではわずか7.7%にすぎません[※3]。

　みなさんにとって最も身近な「社会」である学校にも、多くのジェンダーバイアスやジェンダーギャップが存在しているのです。

※1　『男女共同参画白書 令和3年版』
※2　舞田敏彦「女子の理系学力を『ムダ』にしている日本社会」（ニューズウィーク日本版）
　　　https://www.newsweekjapan.jp/stories/world/2021/04/post-96119.php
※3　独立行政法人　国立女性教育会館「初等中等教育における管理職に占める女性の割合の現状
　　　—「学校基本統計」および「公立学校教職員の人事行政状況調査」をもとに—」（2021年3月30日発行）より

メディアを通して知る「性」

　私たちは日々、新聞や雑誌、テレビやラジオ、そしてインターネットなどのメディアを通じて、たくさんの情報に囲まれてすごしています。そして、これらメディアを通じた情報は、私たちの「性」についての価値観にも大きな影響を与えています。

　例えば、今朝の新聞を一面から最後のページまでめくりながら、写真の人物の男女比を調べてみましょう。全体として男性が多く、特に政治や経済のページは男性ばかりだったのではないでしょうか。逆に女性が大きく写っているのは、生活面や芸能・スポーツ面だったかもしれません。これは政治や経済のトップ層が依然として男性中心であることの表れでもありますが、こうした情報に日々囲まれていると、「男性は外で仕事、女性は内で家事・育児」という価値観を知らず知らずのうちに刷り込まれることになります。

　あるいはコンビニの雑誌コーナーを眺めてみましょう。たくさんのコミック誌が並んでいますが、男性読者が多い雑誌では、水着姿の女性アイドルが表紙に使われていることが少なくありません。連載されているマンガの内容とは関係なく、女性の水着姿が人々の注目を集めるための素材（「アイキャッチ」と呼びます）として使われているのです。コンビニは老若男女を問わず幅広い人々が利用しますが、その一角ではこのように、性において「男性は見る側、女

性は見られる側だ」というメッセージが24時間、発信されているともいえます。

　メディアを主体的に読み解く力を「メディアリテラシー」と呼びます。メディアがジェンダーバイアスをどのように伝えているのか、メディアによって私たちの「性」へのイメージはどのように形づくられているのかを考える力も、重要なメディアリテラシーです。

アイキャッチとして使われる女性のからだ

　コミック誌の表紙以外にも、水着姿の女性がアイキャッチとして利用される例は珍しくありません。ポスターやテレビCMなど、さまざまな場所で女性の「セクシー」な姿がアイキャッチとなっています。プールや水着の宣伝など、必要性があるのならともかく、全く関係がない商品を売ろうとする時にも水着姿の女性が多用されると、「男性は見る側、女性は見られる側だ」という偏ったメッセージが世の中に行き渡ってしまいます。

　さらに、女性のからだがアイキャッチとして使われることにより、"そういった場に採用されるような容姿"が「優れたもの」であり、それ以外を「優れていないもの」とする価値観もまた、メディアを通じて広まることとなります。顔立ちや身長・体重、胸・脚などのからだのそれぞれの部分について、女性のからだがジャッジされてしまうのです。私はこのような社会は間違っていると考えますが、みなさんはどう思いますか？

　外見によって人物の価値をはかろうとすることを、ルッキズム（外見至上主義）と呼びます。能力や仕事と関係なく、外見によって人を判断する態度は差別につながり、許されることではありません。ルッキズムによる差別には性別を問わずさらされる可能性がありますが、日本社会は未だに「男性は見る側、女性は見られる側だ」という価値観が浸透しているため、ルッキズムは女性に対してより強く作用する場面が多いです。

　ルッキズムは他者に対してだけではなく、その価値観を内面化することで、自分自身の行動や考え方を強く縛ってしまう場合があります。

　「このような見た目でなければ」「このような体形にならなければ」というプレッシャーから、高額な化粧品や美容用品を購入したり、無理なダイエットをして病気になってしまったりするというトラブルもあります。

　自分が好きな服を着たり、メイクを工夫して楽しんだりといったこと自体はもちろん問題ありませんし、素敵なことです。しかしメディアで伝えられるメッセージが偏り、

外見で人を判断してしまったり、女性のからだが脅かされたりすることがあってはならないのです。

メディアのさまざまな影響

　ジェンダー論研究者の瀬地山角さんは『炎上CMでよみとくジェンダー論』（光文社）の中で、ジェンダーについて偏った（あるいは誤った）描き方をしたために「炎上」したCMを多数紹介しています。瀬地山さんによると、「炎上ポイント」は「性役割の描き方」と、「外見・容姿の問題」に分けられます。前者は「男性は外で仕事、女性は内で家事・育児」という近代的な性別役割分業観を前提としてしまっているもの、後者は「男性は見る側、女性は見られる側」という偏った価値観を前提としてしまっているものといい換えられるでしょう。

　「炎上」というとネガティヴな印象も受けますが、ジェンダーバイアスや性差別の固定化につながるような表現に異を唱えることは、私たちが社会をよりよいものにしていくための大切な営みです。実際、これまでにも多くの人がこうした表現に抗議をしてきました。

　例えば、女性と女の子が「私、作る人」というのに対し、男性が「ぼく、食べる人」と応じるインスタントラーメンのCM（1975年）は、女性団体から抗議を受け、CMは放送中止となりました。

　ただ、残念ながら、それから50年近くたった今も、性役割や性差別を固定化するようなCMはなくなっていませ

ん。もちろんCMに限らず、メディアを通じて性差別が固定化されたり、増幅されたりするような事例はたくさんあります。

　また、「人間はみんな女性と男性に分けられ、生まれた時に割り当てられた性別を生きる」という「性別二分法」や、「人間はみんな異性を好きになる」という「異性愛規範」も、メディアを通じて世の中に広く伝えられてきました。

　生まれた時に割り当てられた性別とは異なる性別を生きるトランスジェンダーの人や、女性・男性の二分法に当てはまらない人、同性を好きになる人、恋愛感情や性的な欲望をもたない人など、実際には性のあり方は人によってさまざまです。つまり、「性別二分法」と「異性愛規範」は、実態とは異なる、作りごと／フィクションにすぎません。

　しかしテレビドラマやバラエティー番組などの多くはこの２つのフィクションにのっとってつくられるため、そこに当てはまらない性的マイノリティの人々は苦しい思いをすることになるのです。性的マイノリティに対する差別的な発言がメディアを通じて流されることは、近年では社会全体で理解が広がったため、以前より少なくはなりました。しかし未だになくなったわけではありません。

　もちろん、メディアの影響は悪いものばかりではありません。性に関する偏見や差別がない社会をつくるための大切なメッセージが、メディアを通じて伝えられる場合もあります。

　女性や性的マイノリティが社会で直面する困難を、

ニュースやドキュメンタリー番組が広く報じることで、改善に向けた大きな運動へとつながっていくことも珍しくありません。また、ドラマやバラエティー番組に、ジェンダーバイアスや性的マイノリティへの差別・偏見をなくしていこうというメッセージが込められていることもあります。

　メディアは多くの人にメッセージを届ける存在であり、その影響力はきわめて大きいといえます。それだけにメディアの送り手側は、一つひとつのメッセージについて、ジェンダーバイアスや性差別などを固定化するものになっていないかを確認することが重要です。

　また、私たちもメディアの受け手として、ジェンダーについてのメディアリテラシーを高めておく必要があります。ここからはメディアをうまく使うために、私たちが心がけておくべきことを考えてみましょう。

メディアをうまく使うために

　ここで少し、私自身の話を書かせてもらいます。私（前川）は異性に対して恋愛感情や性的な気持ちをほとんど抱かない、いわゆる性的マイノリティです。ですが、私は子どもの頃、異性との結婚に対して憧れを抱いていました。結婚はとても幸福なものであるというイメージを強く抱いていたのです。大人になってから思い出すと、そのイメージの源泉は、テレビでくり返し見た結婚式場のCMでした。結婚式場はCMで結婚をとても美しく、幸せなものとして描きます。実際には大変なことも苦労もあるということは

当然ながら伝えません。

　また私は高校時代、異性とのデートをしたくてたまりませんでした。それは当時読んでいた若者向けの男性誌で、くり返し「おしゃれなデートスポット」や「クリスマスに彼女に贈るプレゼント」などの特集が組まれていたからです。こうした雑誌にはレストランやショップの情報も細かく書き込まれています。雑誌は「この服を着て、このレストランに行けばデートは成功する」「このプレゼントをあげれば女の子は喜ぶ」といった形で読者をあおり、たくさんの商品を勧めていたのです。

　このような思い出話を書いたのは「メディアは何らかの意図があって情報を流している」ということに気づいてもらうためです。CMは当然ながら「商品」を売ろうとします。雑誌やテレビ番組、あるいはたくさんのネット情報も、特定の商品とタイアップしていることが少なくありません。

　ネットでは広告と明記せず口コミのような形で特定の商品やサービスを宣伝する、ステルスマーケティング（ステマ）も行われています。

また、メディアでは、恋愛や結婚が実態以上に理想的な
ものとして描かれがちです。その背景のひとつには、恋愛
や結婚が消費社会と強く結びついていることがあります。
例えば、「一人で食事をする時より、恋人とデートの時の
方がより高額なお店に行き、たくさんのお金を使う」など
といったケースをイメージするとよいでしょう。

　さらに、テレビは視聴率を、YouTubeは再生回数を、
新聞や雑誌は部数を伸ばそうと懸命になっています。たく
さんの人に見てもらうためには、たくさんの人の価値観に
合わせることが近道です。ジェンダーバイアスを含む性に
関する思い込みや、性的マイノリティの存在を無視した
「性別二分法」「異性愛規範」が、メディアによってくり返
し流されるのはそのためです。

　もちろん、先にも述べたとおり、性に関する偏見や差別
をなくすための役割をメディアが積極的に果たすこともた
くさんあります。

　私たちはメディアの受け手として、「それぞれのメディ
アがどのような意図をもって情報を流しているのか」「そ
こで流されるメッセージは性に関する偏見や差別を固定化
するものか、それとも、それらをなくそうとするものか」
をチェックすることが求められます。そして偏見や差別を
固定化したり、増幅したりするようなメディアに対しては、
毅然とした態度で抗議の声を上げることも重要です。

　若者たちの間では、InstagramやTikTokなど画像や動
画が中心の新しいメディアも普及しています。楽しく使う
分にはもちろんよいのですが、こうした視覚メディアの普

及は、ルッキズムの加速につながるのではないかという懸念もあります。

SNSで見る自分と同年代の人は、いわゆる「美男美女」が多いと感じ、うらやましいと思うことがあるかもしれません。以前は、人気者といえばクラスや学校単位でしたが、スマートフォンの普及にともなうSNS利用の日常化は、その規模を全国に広げてしまったともいえます。

そもそも画像や数秒間の動画で伝わるのは、その人の人となりではなく、どうしても「見た目」が中心になります。スマホで簡単に写真が撮れ、自由に加工して世界に発信できる現代は、「見た目」の情報に極端に偏ってしまっている時代だと、少し客観視する姿勢が重要です。

インターネット時代のメディアとの付き合い方

SNS以外にも、インターネット時代の新しいメディアを「性」の観点から考える時、注意すべきことがたくさんあります。ここでは特に性をめぐるデマやフェイク情報と、マッチングアプリについて取り上げましょう。

インターネットはたくさんの情報を私たちにもたらしてくれますが、中には科学的根拠に乏しい情報や、明確なデマも少なくありません。数あるコンテンツの中から自分たちの情報を読んでもらおうと、わざと刺激の強い見出しが使われる場合もあります。

例えば「テクノブレイク」という言葉を聞いたことがある人もいると思います。男性が過度なマスターベーション

をすることで性ホルモンが過剰分泌され、からだの異常や、時には突然死をしてしまう――という恐ろしい状況をさすといわれていますが、これは医学的にも全く根拠のないデマ、フェイク情報です。

　NHKの福祉情報サイト・ハートネットでは「10代男子の多くが信じているテクノブレイク。医学的事実ではありません。マスターベーションをしすぎると、頭が悪くなる、身長が伸びなくなる、ニキビが増える、赤い玉が出てカランとなって打ち止めになる。すべてウソです」と明確に否定されています[※]。

　マスターベーションなど「性」に関する情報は、学校の授業などで触れられることが少なく、また悩みがあっても家族や友人に相談しづらいという人もいるため、情報源としてインターネットを頼りがちになります。そしてインターネット以外の情報源が乏しいことから、こうしたデマやフェイク情報が一人歩きしやすくなるのです。

　インターネットを使って「性」の情報を得る時は、医療機関のHPや上にあげたNHKのサイトのように医師の監修を得ているなど、科学的根拠に基づいた、正確な情報を発信するサイトにアクセスすることが大切です。

※参考：https://www.nhk.or.jp/heart-net/oshiete-kamisama/category01/04.html

性の情報を検索する時は

・複数の情報を比べてみる
　→ひとつの情報元ではなく、複数の情報を比べてみましょう。
・発信している人は誰か
　→できれば、専門家の解説を複数読んでみましょう。
・サイトの目的は何か
　→アクセス数狙いの刺激的な記事や、ステルスマーケティング（p.91）に注意しましょう。

　不確かな情報は決してうのみにしないこと。迷った時は恥ずかしがらず、家族や医師、保健室の先生などの信頼できる大人に相談しましょう。

　トラブルに巻き込まれないために、インターネット以外の「つながり」も大切にすることが重要なのは、マッチングアプリの利用にもいえることです。

　日常の交友関係をこえて、さまざまな人と気軽に会うことができるマッチングアプリは、人びとの出会いの幅を広げました。それ自体はよいことなのですが、通常の交友関係とは異なり「一対一」のやりとりだけが深まるマッチングアプリは、デートDVや性暴力、金銭トラブルなどの深刻な事態が起きた時、周りが気づきにくく介入しづらいという特徴もあります。

　マッチングアプリを利用する際も、二人だけの閉じた関係にせず、互いの友人を紹介し合うなどのインターネット以外の「つながり」と併用することが上手な使い方だといえるでしょう。

変化しつつある「社会の中の性」

　ここまで、ジェンダーバイアスやジェンダーギャップ、メディアでの描かれ方などについて学んできました。読者のみなさんは、女性や性的マイノリティが不利な立場に置かれることが多い現状に暗い気持ちになったかもしれません。

　しかし、社会における性のあり方は、決して不変ではありません。これまでも平等な社会を求めるたくさんの人たちの努力により、世の中は少しずつ変わってきたのです。

　例えば選挙について考えてみましょう。現在の日本では、18歳以上の日本国籍のある人は性別や職業などに関係なく、選挙権があります。しかし戦前の日本では、女性には選挙権はありませんでした。日本だけではありません。ヨーロッパやアメリカなどの多くの国で、男性は身分や納税額を問わず選挙権をもつようになった後も、女性の参政権が閉ざされていたのです。

　そのような現実に対し、民主主義の根幹である選挙権の平等を求めて多くの女性たちが声を上げた結果、今では女性が選挙に行くことも、立候補することも、あたりまえのこととなりました。

　ただし残念ながら、日本は今でも女性の政治家がきわめて少ないのが実情です。海外では女性の首相や大統領も珍しくありませんが、日本では未だに女性の総理大臣は誕生

しておらず、大臣の顔ぶれもほとんどが男性です。政治学者の前田健太郎さんは、この状況を「女性のいない民主主義」と呼んでいます[※]。

また、後に見るように、性的マイノリティの権利についても、日本は遅れています。

しかし世界に目を向ければ、お手本となるような制度がたくさんあり、また日本にも世界にも、平等な社会を求めて活動する人たちがたくさんいます。ここからは変化しつつある「社会の中の性」について学び、私たちがどのような社会をつくっていくべきか、ともに考えていきましょう。

社会制度と「性」

男女平等を求め、不当に制限されている女性の権利の回復を求める運動は「フェミニズム」と呼ばれます。フェミニズムは、世界各国で重要な社会運動として、世の中をより平等な方向へと変革してきました。

民主主義の国において、国政の重要な方向性は国会で決められます。その国会が男性議員ばかりでは、ジェンダーの問題はどうしても後回しになりがちです。女性が経験するたくさんの困難を男性は経験しておらず、それがどのくらい大変なのかがわからないからです。

議員の女性割合を高めるため「クオータ制」という制度を導入している国も多くあります。さまざまな方法で、議席の一定の割合以上が女性議員になるように割り当てるという制度です。北欧のノルウェー発祥の「クオータ制」は

※前田健太郎著『女性のいない民主主義』岩波新書、2019年

各国に広がり、現在はOECD※加盟国の大半が導入しています。

　意思決定を行う層の男女比が改善されないと、現に存在している格差の解消はなかなか進みません。議員以外にも、企業の役員や地域の団体など、さまざまな場面で男女の人数をそろえていこうという制度が、先進国と呼ばれる国々では主流になりつつあります。

　日本でも女性管理職比率の向上に取り組む企業は増えており、そのひとつであるカルビー社長の伊藤秀二さんは「女性が４割いるなら管理職も４割いるのが当たり前。女性に下駄を履かせているとの批判があるが、もともと下駄を履いていた男性に脱いでもらっただけ」と説明しています（『朝日新聞』2016年10月３日）。

　性的マイノリティの権利獲得を求める運動も、世界そして日本で広がっています。世界ではじめて同性同士の結婚を法律で認めた国はオランダで、2001年に合法化されました。それから20年あまりの間に、ヨーロッパをはじめ多くの国で導入が進んでいます。日本では、2015年の東京都渋谷区と世田谷区を皮切りに、自治体によるパートナーシップ認定制度が全国へと広がり、普及しつつあります。しかしこの制度は結婚とは大きく異なるものであり、同性間の結婚を認めるべきだという運動が続いています（2022年現在）。

　生まれた時に割り当てられた性と異なる性を生きるトランスジェンダーの権利も、日本ではまだ十分に認められていません。日本では2004年に施行された「性同一性障害

※OECD（経済協力開発機構）はヨーロッパ諸国を中心に日本・アメリカを含め38か国の先進国が加盟する国際機関です。

特例法」により、要件を満たせば戸籍上の性別を変更できることになりましたが、要件は非常に厳しいものです。また、戸籍上の性別変更を求めないトランスジェンダーの権利が保障されていないなど、たくさんの課題が残っています。

　女性差別の問題も、性的マイノリティに対する差別の問題も、重要なのは「人権」の観点から制度を考えていくことです。「はじめに」（p.4）で説明したとおり、人権は、すべての人が生まれながらにしてもつ権利のことです。あらゆる社会制度は、すべての人の人権がしっかりと守られるように設計されなければなりません。もし誰かの人権が不当に制限されている場合は、改める必要があります。人権の観点から社会制度をチェックし、時に改善のために声を上げていくことは、よりよい社会をつくるために欠かせない、市民一人ひとりに課せられた重要な使命だといえます。

戸籍上の性別変更の要件について

　現在の日本では、戸籍上の性別を変更するためには以下の６項目のすべてに当てはまる必要があります。

1：２人以上の医師により、性同一性障害であることが診断されていること
2：18歳以上であること
3：現に婚姻をしていないこと
4：現に未成年の子がいないこと
5：生殖腺がないこと又は生殖腺の機能を永続的に欠く状態にあること
6：他の性別の性器の部分に近似する外観を備えていること

性同一性障害特例法

　2020年９月に日本学術会議が発表した提言は、これらの要件を「高すぎるハードル」と表現し、性同一性障害特例法を廃止し新たな法律を制定すべきだと提案しています。
　また、世界保健機関（WHO）は2014年、性別変更のために生殖能力をなくす手術を課すことは人権侵害であるとの判断を示しています。

同性婚と日本のパートナーシップ認定制度

　全国の自治体で導入が進む日本のパートナーシップ認定制度は、同性カップルの関係性を公的に認める制度ですが、相続の権利がない、パートナーの子どもを育てていても親権がない、配偶者控除のような税制面でのメリットがないなど、現在日本にある婚姻制度（結婚）とは大きく異なります。

　一方、欧州など複数の国で採用されている「登録パートナーシップ制度」では、結婚とほぼ同様の権利が保障されています。

　2023年5月時点で同性同士の結婚が認められる国・地域は世界に34あります※。結婚とほぼ同様の権利が保証される制度（登録パートナーシップ制度など）を導入している国を合わせると、OECD加盟の38か国中、約8割にあたる30か国が同性カップルの権利を法的に保障しています。

　日本のように同性カップルの権利を保障する法律がない国は、OECD加盟国の中ではもはや少数派なのです。

　日本の"結婚"に関わる制度については、現状のパートナーシップ認定制度だけではなく、婚姻制度についても、夫婦別姓が認められていないなど、さまざまな課題があります。「家」単位で国民を登録する戸籍制度自体に、男性中心の価値観が色濃く刻み込まれているという批判もあります。また、現在の日本の法律や社会制度は「家族」に多くの特権と責任を付与するものであり、同性婚の導入を進めても「家族」の枠を押し広げるだけで、その枠組みに入らない人たちはますます厳しい立場に置かれるのではないかとの意見もあります。

　ただし、異性愛では当然のように認められる結婚が、同性愛の人たちには認められていないという状況は、まぎれもなく不平等です。

　現在、同性婚の実現を求め日本各地で起こされている訴訟では、「結婚の自由をすべての人に」がスローガンとなっています。

　これからの日本では、同性婚が認められていないという法的差別を解消することと、現行の婚姻制度の課題を改善していくことを、同時に進めていく必要があるといえるでしょう。

※NPO法人EMA日本HPより　http://emajapan.org

変化する学校

　戦前の日本では学校教育も男女不平等なものでした。

　義務教育である小学校を卒業した後、進学を希望する子どもたちは、男子は中学校、女子は高等女学校へと振り分けられ、教育内容も異なっていました。男性にとっては「中」程度の教育が、女性にとっては「高等」であるという差別的な考え方が、名称にも表れています。また、社会の中枢を担うエリート層を養成する高等学校や大学には男性しか進学できませんでした。

　戦後になって男女共学が実現しましたが、「男性は外で仕事、女性は内で家事・育児」という近代的な性別役割分業観を反映するような不平等は学校の中に残っていました。例えば中学校の「技術・家庭」は、1962年から男子は「技術」、女子は「家庭」と内容が分けられてしまいました。性別によって異なる教育を行う非対称な制度を改善しようと、多くの人々が声を上げ、家庭科の男女共修運動が展開されました。現在のように男女ともに家庭科が必修となったのは、1993年のことです。

ところで、みなさんがもし共学校に通っているなら、名簿は男女混合で五十音順になっているでしょうか。それとも、男子が先にまとめて並んでおり、女子が後になっているでしょうか。以前の学校では、「男子が先、女子が後」の名簿が一般的でした。しかしこうした名簿は男性優先の価値観を植えつけかねませんし、またトランスジェンダーの子どもたちの存在を無視してしまっています。やがて、全国各地で男女混合名簿を求める声が高まり、多くの自治体・学校で改善されていきました。日本教職員組合によれば、男女混合名簿を導入している幼小中高は、1993年度の12％から2020年度は87％へと劇的に増加しました（『朝日新聞』2021年6月29日）。

　教科書の挿絵や国語の物語文などの中に、「女らしさ・男らしさ」のジェンダーバイアスが数多く潜んでいることも問題となりました。例えば、登場人物の中で料理をする人の挿絵が女性ばかりである、物語文で男性は主体的に行動するのに対し女性は受け身である、といった具合です。改善を求める声に応えるように、少しずつ教科書におけるジェンダーバイアスは解消されていっています。しかし学校に通う子どもたち全員が読む教科書の影響力は大きいものですから、より一層の対応が求められるところです。

　性的マイノリティについてはどうでしょうか。2015年、文部科学省は「性同一性障害の児童・生徒への支援と対応」とともに、「『性的マイノリティ』とされる児童生徒に対する相談体制等の充実」を全国の教育委員会に通知しました。

この通知が大きな転換点となり、学校でも性的マイノリティの子どもたちが自分らしくすごせるよう、さまざまな改革が行われるようになりました。制服や着替えなどについても、本人からの申し出があった場合、対応できる学校が増えてきています。

　ただ、学校の先生たちが忙しすぎることもあり、すべての学校で性的マイノリティの子どもたちへの対応が十分にできている状態には、まだなっていません。また、「人間はみんな女性と男性に分けられ、生まれた時に割り当てられた性別を生きる」という「性別二分法」や、「人間はみんな異性を好きになる」という「異性愛規範」は、学校の中にも根強くあります。先にも述べたとおりこれらは現実とは異なるフィクションなのですが、学校ではさまざまな場面で「女子と男子」を分けがちですし、恋愛は異性間のものに限定して扱われがちです。そこでは性的マイノリティの児童・生徒の存在が無視されてしまいます。

　こうした状況を改善し、すべての子どもたちが自分らしくすごせるよう、性的マイノリティや多様な性のあり方について理解を深めるための先生方の研修や勉強会が、たくさんの学校で開かれています。少しずつですが確実に、学校は変わっているのです。

文化・芸術と「性」

　文化や芸術の分野でも、確かな変化があります。ここではひとつの例として、マンガや小説、ドラマや映画などの

ボーイズ・ラブ（BL）作品を取り上げましょう。

BLは主に女性向けにつくられた、男性同士の恋愛を描いた作品のことです。読者のみなさんの中にも、ファンがたくさんおられることでしょう。私もその一人です。

BLは女性が「見られる側」から一時的に離れ、純粋に物語を楽しめるエンターテインメントとして人気を博してきました。ただし、ゲイ男性の立場から「社会に存在する同性愛差別を再生産しているのでは」などの理由で批判されたこともあります。BLを愛する女性たちの多くは、こうした声に真摯に向き合ってきました。

1990年代、日本のテレビドラマで男性同士の恋愛が本格的に取り上げられ始めた頃は「禁断の愛」などといった悲劇的な描かれ方が多くありました。

しかし、最近のBLには、社会に残る同性愛嫌悪（ホモフォビア）の克服や、日本ではまだ実現していない同性同士の結婚をテーマとした作品がたくさんあります。また、多くのBLドラマや映画で、男性同士の恋愛が肯定的に描かれています。

現在のBL作品は、女性だけではなく多くのゲイ男性にとっても身近なものとなり、BLにエンパワメントされるゲイ男性もたくさんいます。

BLドラマは日本だけではなく、タイやフィリピン、台湾、韓国など、たくさんの国でつくられており、世界中に熱心なファンがいます。こうした新しい潮流は、異性愛ばかり描いてきた日本のテレビドラマ界にも大きな風穴を開ける

ものです。男性同士の恋愛を特別なものではなく、当たり前のものとして描く作品は今後も増え続けていくことでしょう。レズビアン女性や、他者に恋愛感情を抱かない人など、よりたくさんの人々が心から楽しめる作品がさらに増える時代も、確かに近づいています。

これからの「社会の中の性」

　この章では「社会の中の性」をテーマに日本や世界の様子を見てきました。強調したいのは「今ある社会のあり方は完全なものではなく、これまでも変わってきたし、これからも変えていく必要がある」という点です。

　社会を構成するのは、市民である私たち一人ひとりです。民主主義の社会では市民こそが主権者であり、社会をよりよくしていく主役であるということを忘れてはいけません。

　この本で見てきたとおり、これまでも声を上げてきたたくさんの人たちの力によって、社会はより平等な姿へと変わってきました。性に関わることばかりではありません。例えば江戸時代は、どの家に生まれるのかによって身分や職業が決まる社会であり、現在のような教育を受ける権利や職業選択の自由はありませんでした。私たちが現在、学校や仕事を選ぶことができるのは、多くの人たちが社会を変えてきた歴史があるからです。

　しかしそんな現代でも、不平等は残っており、人権が不

当に制限されている人たちがいます。自分が不都合を感じないからといって、今の時点で社会の変革を止めてしまおうというのは、あまりに虫の良い話です。

　性別や性のあり方で人生が縛られない世の中をつくっていくために、自分には何ができるか。ぜひ読者のみなさんにも考えてほしいと思います。

　その際ヒントになるのは、「自分が越えていないハードルの高さはわからない」という考え方です。女性が仕事をする時にどんなハンディを負っているのかは、働く男性にはわかりません。女性のからだがアイキャッチとして使われているポスターを見た時、女性がどのような気持ちになるのかも、男性にはわかりません。性的マイノリティがど

のような生きづらさを感じているかは、性的マジョリティにはわかりません。

　人は、自分が越えていないハードルの高さはわからないのに、つい「そんなに大したことはないだろう」と考えてしまいがちです。自分が経験していない息苦しさや生きづらさは実際よりも小さく見積もってしまいがちなのです。

　しかし、それでは残念ながら、社会を平等な方向に変えていくことは難しいでしょう。大切なのは、「こういうことで大変だ」「こんなことで苦しさを感じている」という声に、じっくりと耳を傾けることです。途中で話をさえぎったり否定したりするのではなく、まずは一人ひとりの困難に向き合うこと。自分が越えていないハードルの高さを、勝手に低く見積もってしまわないこと。シンプルですが、これが社会を変えていくための大切な第一歩だと、私は考えています。

　まずはこの社会に残る格差や不平等から目をそらさず、しっかりと向き合ってみましょう。そして絶望するのではなく、どうすればその状況を改善していけるのか、仲間と知恵を出し合っていきましょう。一人ひとりの力は小さくても、その力が合わさってできているのが、私たちの社会です。私たちの社会を変えることができるのは、私たちだけです。

　不安になる必要はありません。これまでも日本で、そして世界で、たくさんの先輩たちがよりよい社会をつくるために声を上げてきました。その歴史を振り返る時、私たち

は決して孤独ではなく、国や時代をこえたおおぜいの仲間たちがいることに気づきます。

　先人たちが道を切りひらき、よりよい姿へと変化してきた「社会の中の性」。私たちの後に続く世代の人たちのためにも、今ある問題をひとつでも多く改善し、性別や性のあり方にかかわらず、誰もが自分らしくいきいきとすごせる社会をつくり上げていきましょう。

性の知識を学べるサイト

性を学ぶセクソロジー　https://sexology.life

セイシル　https://seicil.com

ピルにゃん　https://pillnyan.jp

ココカラ学園（yahoo！きっず）
https://kids.yahoo.co.jp/sei/

恋愛・性の悩みと疑問の解決サイト「HAPPY LOVE GUIDE」（ピル
コン）https://pilcon.org/help-line

PrEP in JAPAN（特定非営利活動法人ぷれいす東京）
https://prep.ptokyo.org

はじめてのトランスジェンダー　https://trans101.jp

結婚の自由をすべての人に — Marriage for All Japan —
https://www.marriageforall.jp

■参考文献

ユネスコ編、浅井春夫、艮香織、田代美江子、福田和子、渡辺大輔訳『国
際セクシュアリティ教育ガイダンス【改訂版】—— 科学的根拠に基づいた
アプローチ』明石書店、2020年

橋本紀子、田代美江子、関口久志編『ハタチまでに知っておきたい性のこ
と　第2版』大月書店、2017年

高橋幸子、久保田美穂、櫻井裕子、田代美江子「＃つながるBOOK」
https://www.jfpa.or.jp/tsunagarubook/

瀬地山角著『炎上CMでよみとくジェンダー論』光文社、2020年

鹿野政直著『現代日本女性史—フェミニズムを軸として』有斐閣、2004年

前田健太郎著『女性のいない民主主義』岩波新書、2019年

伊東良徳、大脇雅子、紙子達子、吉岡睦子著『教科書の中の男女差別』明
石書店、1991年

落合恵美子著『21世紀家族へ—家族の戦後体制の見かた・超えかた 第4
版』有斐閣、2019年

堀あきこ、守如子編『BLの教科書』有斐閣、2020年

青弓社編集部編『「テレビは見ない」というけれど：エンタメコンテンツ
をフェミニズム・ジェンダーから読む』青弓社、2021年

著者紹介

田代 美江子
<ruby>田<rt>た</rt>代<rt>しろ</rt></ruby> <ruby>美<rt>み</rt>江<rt>え</rt>子<rt>こ</rt></ruby>

埼玉大学 教育学部 教授　埼玉大学副学長（ダイバーシティ推進・キャンパス改善担当）
一般社団法人“人間と性”教育研究協議会代表幹事

【専門】
ジェンダー教育学、近現代日本における性教育の歴史、ジェンダー・セクシュアリティ平等と教育

【著書】
『ハタチまでに知っておきたい性のこと』（共編著、大月書店、2014年）、『教科書にみる世界の性教育』（共編著、かもがわ出版、2018年）、『【改訂版】国際セクシュアリティ教育ガイダンス』（ユネスコ編、共訳、明石書店、2020年）、『マンガ アイはあるの？―性について考えてみよう、話し合ってみよう！』（共著、エイデル研究所、2021年）、『思春期の子どもたちに「性の学び」を届けたい　実践 包括的性教育』（共著、エイデル研究所、2022年）など。

前川 直哉
<ruby>前<rt>まえ</rt>川<rt>かわ</rt></ruby> <ruby>直<rt>なお</rt>哉<rt>や</rt></ruby>

福島大学 教育推進機構・高等教育企画室 准教授

【専門】
教育学、社会学

【著書】
『男の絆：明治の学生からボーイズ・ラブまで』（筑摩書房、2011年）、『〈男性同性愛者〉の社会史：アイデンティティの受容／クローゼットへの解放』（作品社、2017年）、『「地方」と性的マイノリティ　東北6県のインタビューから』（共著、青弓社、2022年）など。

<ruby>丸<rt>まる</rt></ruby><ruby>井<rt>い</rt></ruby> <ruby>淑<rt>よし</rt></ruby><ruby>美<rt>み</rt></ruby>

日本赤十字秋田看護大学 看護学部 看護学科 教授

【専門】

学校保健学、養護教育学、性教育

【著書】

『ハタチまでに知っておきたい性のこと』（共著、大月書店、2014年）、『教科書にみる世界の性教育』（共著、かもがわ出版、2018年）、『養護教諭、看護師、保健師のための学校看護―すべての子供の健康実現を目指して―（新版）』（共著、東山書房、2022年）など。

<ruby>久<rt>く</rt></ruby><ruby>保<rt>ぼ</rt></ruby><ruby>田<rt>た</rt></ruby> <ruby>美<rt>み</rt></ruby><ruby>穂<rt>ほ</rt></ruby>

女子栄養大学 栄養学部 専任講師

【専門】

保健教育、学校保健、性教育、安全教育

【著書】

『これで解決！ 養護教諭のための新型感染症対策Q＆A』（共著、ぎょうせい、2020年）、『＃つながるBOOK』（共著、令和2年度厚生労働行政推進調査事業費補助金（厚生労働科学特別研究事業）、2021年）、『養護教諭、看護師、保健師のための学校看護―すべての子供の健康実現を目指して―（新版）』（共著、東山書房、2022年）、『中学校・高等学校　保健科教育法』（共著、建帛社、2022年）

■イラスト

hara／イラストレーター・漫画家

【著書】『自分サイズでいこう』（KADOKAWA、2021年）、『コンプレックスをほどよい距離から見つめてみた』（秋田書店、2023年）

自分を生きるための〈性〉のこと 性と人間関係編

2023年7月30日	初　版　第1刷発行	
	監　著	田代 美江子
	著　者	前川 直哉、丸井 淑美、久保田 美穂
	発行人	松本 恒
	発行所	株式会社 少年写真新聞社
		〒102-8232
		東京都千代田区九段南3‐9‐14
		TEL 03-3264-2624　FAX 03-5276-7785
		URL https://www.schoolpress.co.jp/
	印刷所	図書印刷株式会社

©Mieko Tashiro, Naoya Maekawa, Yoshimi Marui,
Miho Kubota 2023 Printed in Japan
ISBN978-4-87981-778-5　C0037　NDC367

スタッフ　編集：森田 のぞみ　DTP：木村 麻紀　校正：石井 理抄子　イラスト：hara　図：中村 光宏
　　　　　編集長：野本 雅央